教育部普通高校人文社科重点研究基地
北京师范大学教师教育研究中心学术成果

大夏书系·有效教学

魅力课堂

高效与有趣的教学（第2版）

赵希斌 著

教学必须高效。教学是有目标的，教学时间是有限的，学生在课堂上付出的年华是不可逆的。因此，我们必须追问教学在多大程度上实现了教学目标，对教学内容的处理和教学形式的把握是否优化，学生在有限的时间内有怎样的收获，这种收获不只用于应对考试，更应让学生终身受益！

教学必须有趣。古语有云："书山有路勤为径，学海无涯苦作舟。"这暗示学习与快乐无缘，是艰苦乃至痛苦的。无趣的教学中，学习对学生而言成为折磨，学生由于现实压力不得不学，但一旦有机会他们就会放弃令他们厌恶的学习。此外，无趣的、痛苦的学习使学生感觉压抑，学生处于消极被动状态，这样的教和学又怎能高效呢？

华东师范大学出版社
ECNUP
全国百佳图书出版单位
·上海·

图书在版编目（CIP）数据

魅力课堂：高效与有趣的教学 / 赵希斌著. —2 版. —上海：
华东师范大学出版社，2022
ISBN 978-7-5760-3266-6

Ⅰ.①魅…　Ⅱ.①赵…　Ⅲ.①课堂教学—教学研究　Ⅳ.① G424.21

中国版本图书馆 CIP 数据核字（2022）第 174423 号

大夏书系·有效教学
魅力课堂：高效与有趣的教学（第 2 版）

著　　者　赵希斌
责任编辑　任红瑚
责任校对　杨　坤
封面设计　淡晓库

出版发行　华东师范大学出版社
社　　址　上海市中山北路 3663 号　　邮编　200062
网　　址　www.ecnupress.com.cn
电　　话　021-60821666　　行政传真　021-62572105
客服电话　021-62865537
邮购电话　021-62869887　　地址　上海市中山北路 3663 号华东师范大学校内先锋路口
网　　店　http://hdsdcbs.tmall.com/

印　刷　者　北京密兴印刷有限公司
开　　本　700×1000　16 开
印　　张　14
字　　数　190 千字
版　　次　2022 年 11 月第一版
印　　次　2023 年 10 月第二次
印　　数　6 101-8 100
书　　号　ISBN 978-7-5760-3266-6
定　　价　55.00 元

出版人　王　焰

（如发现本版图书有印订质量问题，请寄回本社市场部调换或电话 021-62865537 联系）

目　录
Contents

▌ 第一辑　把握教学内容 ▌

第一章　高——高层次学科素养　　　　　　　　　　　003

三流教学教知识，二流教学教方法，一流教学教素养。高层次学科素养是学科教学中最有价值、最迷人的成分，能够沉淀下来使学生终身受益。

第二章　思——高品质思维能力　　　　　　　　　　019

高品质思维能力具有双重属性，既是所有教学目标包括高层次学科素养得以实现的条件，同时其自身又是重要的教学目标，是各个学科的共通能力。

第二辑　把握教学形式

再版序

我自 2000 年在北京师范大学读博士时参与有关课程改革的项目。在学习、实践、调查研究、教师培训等过程中开始思考一个重要的问题:"什么样的教学是好的教学?"2013 年,我把对这个问题的认识集结成书,出版了《魅力课堂:高效与有趣的教学》。该书得到了一线教师的认可,显示出较强的生命力,至今已重印了 16 次。这说明在理论层面,其基本框架是合理的;在实践层面,对教师提升教学品质有明确的指导作用。具体而言,该书的价值源于三个方面:

第一,系统全面。"高效""有趣"是教学的两个关键标准,"备课""上课"是优化教学的两个着力点。《魅力课堂》针对如何实现高效与有趣的教学,就备课内容和上课形式提出了全面而系统的构想:备课要指向高、思、实、正、通;上课则追求引、问、比、动、趣。这十个方面既是充分的,也是必要的;既是高效、有趣教学的特征,也是实现高效、有趣教学的途径。每个方面存在密切关联,它们相互影响、相互促进,显现出明确的系统性与全面性。

第二,具体实用。上述备课、上课的十个方面既是理念,也是做法;既指明了方向,又给出了路径。这十个方面的内涵非常明确,均以实际的课堂教学为出发点,将目标与做法紧密关联,同时辅以大量教学案例,使教师不仅能知其然,知其所以然,还能知其何以然。这使得教师能真正理解书中的理念,并将其中的具体做法迁移到自己的教学中,从而实现对教学的优化。

第三,价值恒定。教育教学领域总会不断涌现新理念、新做法,甚至有"你方唱罢我登场"之感,教师在茫然无措中拼命赶那些赶也赶不上的潮流,这严重消耗了教师的精力，甚至将其引入专业成长的歧途。① "不忘初心，方得始终"，我们必须认识到，教育教学中有稳定甚至永恒的追求，无论过去、现在还是未来，环境在变，条件在变，但我们对教育教学中某些追求永远不变。《魅力课堂》提出的与优质教学相关的十个方面，意在探求和朝向教育教学永恒的追求，它的价值因此也是恒定的。

《魅力课堂》第一版出版近十年之际，对其进行修订既是必要的，也是可行的。首先，基于自己的实践和研究，我对课堂教学有了更加深入的理解。其次，这些年我围绕高效教学做了大量教师培训，获得了很多有价值的来自教师的反馈，也积累了很多优质案例。再次，从 2011 年至今，我已出版了十二本专著，涉及课堂教学、教师素质、教育心理学、语文教学、教育研究方法等方面，为我更深入地认识课堂教学提供了大量有价值的视角和素材。基于此，本书保留了第一版的基本框架，增加了与时俱进的内容，呈现了更丰富的案例，对部分内容进行了调整，优化了文字表述。

提高教学质量是教师永远的追求，探索教学规律是教育永恒的主题。希望本书能为教师优化教学提供切实的参考和帮助，也希望教师能从高品质的教学中获得自信与成就感。

---

① 关于教育教学"赶时髦"的状况及危害可参见赵希斌：《好懂好用的教育研究方法：教师科研指南》，华东师范大学出版社 2021 年版，第 50—52 页。

前　言

　　我有学生、教师和培训者、研究者等多重身份，其中的每一个身份都要求我必须面对和思考一个问题——什么是好的教学。

　　我曾做过21年的学生。回想我的学生时代，给我留下印象的好课和老师很少，这多少让人感到遗憾。对学生而言，"什么是好的教学"这个问题意义重大，学生在课堂里度过其人生中成长最快、变化最大、对未来有最重要影响的生命阶段，教学的品质决定了他们的素质和未来的发展，以及他们在未来的人生中是否乐于学习、善于学习。

　　自2000年在北京师范大学读博士时，我就参与了课程改革的项目，以学生评价和教学评价为主。这些年的研究让我意识到，教学是所有学校教育领域中最核心、最关键的问题，一切教育理想和教学目标都要落实在课堂教学中。我观察了大量的课堂教学，有些教师讲课吸引人，内涵丰富，学生很有收获；也有一些教师讲课效率低，授课方式枯燥，学生被动接受乃至产生抵触情绪——"他们的区别在哪里？""好教学的本质特征和表现形式是什么？"作为一个科研人员，我对这些问题充满了兴趣和好奇。

　　作为大学教师，我给本科生、研究生上课，课程包括"教育心理学""教育测量""教育研究方法""阅读教学"等；作为教师培训者，我给中小学教师讲授"魅力课堂""激发学生学习动力""优秀教师核心素质"等内容。虽然教学对象、教学内容、教学形式不同，但总的说来我的教学得到了学生和教师的认可。他们中有的表达喜欢我的教学，有的说我的课改变了其对教师职业的看法，有的表示重新发现了做教师的价值和乐趣，还有的说将我教的方法用到自己的教学中取得了很好的效果……这些反馈为我总结"什么是好的教学"奠定了基础。

基于上述三重身份，整合我的经验、实践和研究，通过这本书我表达了对于"什么是好的教学"这个问题的看法。

我们来看一位语文教师讲韩愈《马说》的实录①。

上次我们讲到第一段，第一段是这篇文章开篇，就是全文的观点的根本，提出了理论的依据，"世有伯乐，然后有千里马"，强调指出了千里马对伯乐的依赖关系，接下来文章具体地向我们再现了没有伯乐，千里马会遇到的遭遇，那就是"祗辱于奴隶人之手，骈死于槽枥之间，不以千里称也"，一再强调，伯乐善识马。只有有了伯乐，才能有千里马，从正面来议论。

第二段一来就用"马之千里者，一食或尽粟一石，食马者不知其能千里而食也"指出了问题的要害，千里马被埋没是因为食马者，就是养马的人不知其能千里而食也，不能用喂养千里马的方式来喂养它，使得它的才能得到充分展现，当然，这里面，"一食或尽粟一石"很显然用的是什么，啊，夸张的手法，突出了千里马和普通马相比，它的食量怎么样呢？对，很大。如果只用喂养普通马的方式喂养它，就会怎么样呢？就会使它的才能显得不足。接着，用排比句"食不饱，力不足，才美不外见"来揭示了千里马"才美不外见"正是因为食马者不知其"一食或尽粟一石"，因此造成千里马"食不饱，力不足"的严重后果。最后，用一个反问句"安知其能千里也"，对食马者的无知发出了强烈的谴责，这是从反面来进一步证明"世有伯乐，然后有千里马"的主题，在这里面指出了千里马的才能被埋没，不能够施展，原因呢就是因为什么呢，食马者的无知造成的。食马者在这里指的是谁呢？就是喂马的人吗？还有伯乐？对，不识人才的人。"不识人才

---

① 孙亚玲：《课堂教学有效性标准研究》，教育科学出版社 2009 年版，第 109-110 页。

　　　　　　　　　　魅力课堂：高效与有趣的教学（第 2 版）

的人"我们一般把他称作什么样的人呢？对，庸人。所以这里面"食马者"指的是不识人才的庸人。由于不识人才的庸人不善于识别马，不知道用喂养千里马的方法来喂养它才导致了千里马"才美不外见，食不饱，力不足"，才能不能得到充分的施展，从而被埋没了。这一段，对不识人才的庸人的这种做法给予了强烈的痛责。这就是文章的第二段。

这是一个反面案例，语文课成为一堂将古文翻译成白话文的"翻译课"。教学内容苍白单调，没有体现《马说》深刻、动人的内涵，没有渗透文化与历史背景，没有贴近学生的人生经验。从教学形式来看，教师讲、学生听，平铺直叙，没有悬念、没有互动、没有情趣，与其说教师在讲课，不如说教师在自言自语、自问自答。这样的教学一定会使很多学生"魂飞魄散"——学生的心思不知跑到哪里去了。可叹的是，不知每天有多少这样的教学场景在教室里上演！

北京师范大学康震教授在某网络平台解读李白的《望庐山瀑布》，一个小学生听了之后写下他的留言[1]：

> 我是一个小学生，今年五下啦。我很喜欢康老师的课。我很早以前学过的古诗听完后有了新的感觉，真的很震撼。康老师讲的课总是让我有新的认识，感受到了古诗的魅力，感受到了李白的洒脱与他无限的青春活力、无限的想象、无限的遐想与激情。我发现古诗原来是那么美。听康老师的课让我真的很感动，让我感到了与原先学古诗不一样的美丽的东西。谢谢！

"喜欢""感动""震撼"，这是一个小学生真切的感受。这个留言中让人印象最为深刻的，就是学生获得了其在以往学习中从未有过的"新的感觉""新的认识""不一样的美丽的东西"。显然，一个小学生从康震的古诗解读中发现了一片"新天地"，这样的古诗解读不仅让学生真正领悟到古诗

---

[1] https://www.ximalaya.com/renwen/12826705/69206510/61928168/

之美，更丰盈、润泽、更新了孩子的生命，可谓弥足珍贵！

由这两个正、反案例可见，好的教学对学生而言多么重要。那么，什么是好的教学呢？世界上最复杂的问题其答案往往最简单。做一个类比：食物关乎学生身体的成长和健康，而教学可谓是学生的精神食粮，二者有相似之处。什么是好的食物？大家一定有共识——有营养、好吃，而好的教学与此类似，要"高效""有趣"。

教学必须高效。教学是有目标的，教学时间是有限的，学生在课堂上付出的年华是不可逆的。因此，我们必须追问教学在多大程度上实现了教学目标，对教学内容的处理和教学形式的把握是否优化，学生在有限的时间内有怎样的收获，这种收获不只用于应对考试，更应让学生终身受益！

教学必须有趣。古语有云：书山有路勤为径，学海无涯苦作舟。这暗示学习与快乐无缘，是艰苦乃至痛苦的。无趣的教学中，学习对学生而言成为折磨，学生由于现实压力不得不学，但一旦有机会他们就会放弃令他们厌恶的学习。无趣的、痛苦的学习使学生感觉压抑，学生处于消极被动状态，这样的教和学又怎能高效呢？

"高效""有趣"，这个答案简单，清晰，但其内涵却极为丰富，教学要符合哪些条件，才能做到高效与有趣呢？对教学而言，高效与有趣的教学要满足两方面的条件：一是把握好教学内容，二是把握好教学形式。把握好教学内容意味着教师要对教学内容有非常深刻的理解，能够凸显学科教学中最有价值的成分，这类似于厨师选择优质、有营养的食材；把握好教学形式意味着教师能够以恰当的、吸引学生的方式进行教学，引导学生富有热情地学习，这类似于食物有好的口味，人们才会乐于尝试和接受。

把握好教学内容体现在五个方面：高、思、实、正、通。

把握好教学形式体现在五个方面：引、问、比、动、趣。

基于大量案例，本书对这十个方面的内涵和特征进行了分析，希望教师既能够形成一个框架性的认识，也能够从案例中得到经验的启发。如果读者仔细阅读了这十个方面的内容，一定会发现教学对教师的要求很高，做好这十个方面并不容易。孙绍振在《解读语文》的序中写道[①]：

> 和文本作深度对话，是要有学养做本钱的。……原因就在于韩愈所说的"术业有专攻"。不学无术，不可能进入经典文本的深层。……阅读是一种专业，专业的修养不是自发的，而是要循序渐进、不畏艰难地习得的。……当前教改的主要矛盾，无疑就是教师的水准普遍赶不上形势。本来形势逼人，应该急起直追才是，可是，有些老师，却缺乏起码的紧迫感。身为语文教师，不爱读书，不喜写作，不提高自己的文本解读水准，知识结构残缺，写作水平低下，上课就把一些一望而知的"知识"，作死板的重复，以其昏昏，使人昭昭，误人子弟者，比比皆是。

我非常同意孙绍振教授的论断，不仅是语文教师，所有学科教师提高教学质量最重要的途径就是不断学习、实践和反思。具体说来，教师可在以下三个方面进行尝试。

第一，提高自己的问题意识。教师要对教学中的问题足够敏感，找到问题才能确定改进的方向。由教师自己生成的问题针对性更强，由问题驱动的行动更持久也更有效。教学问题既包括诸如"学生为什么今天听课兴趣不高"等困惑，也包括诸如"这一章教学内容的知识脉络是怎么样的"等研究性内容。教师要不断问自己"怎么回事""为什么""怎么办"等问题，并通过思考、学习和实践解决这些问题。

第二，加强知识的学习和储备。在信息时代，影响教师进步快慢的一个重要因素是他拥有信息的多少和搜寻信息的能力。对教师来说，面临具体问题时需要收集信息，借鉴前人和同行的经验为解决问题提供线索；平时为了自身素质的提高，也需要通过大量的阅读、观摩和讨论不断获取和更新知识。需要注意的是，教育教学问题如此复杂，任何一本书都只能从某个角度对某个问题进行探讨，或因篇幅所限而有详有略，教师在阅读时发现感兴趣

---

① 钱理群等：《解读语文》，福建人民出版社 2010 年版。

的内容后要"钻下去"，以此为线索找更多的相关材料去学习，这样的积累就会越来越丰富，越来越有深度。

第三，提高理论水平。理论是对事物规律和本质的认识，没有理论指导的实践一定是盲目和低效的。教师要提高自己的理论水平，这不是让教师对书上的理论生吞活剥，而是强调教师将实践与理论思考结合起来，即善于思考，善于总结，善于发现教学的规律和本质。

下面是刚毕业两年的我的学生小郑老师和我的一段对话。

郑：太想和您分享了！我今天从《辛弃疾传》里选了几个片段给学生讲，这不是教学任务，但他们特别感动，我自己也很感动，这真的是"高峰体验"。

赵：真好！

郑：学生预习的时候和我说，感觉辛弃疾选入教材的两首词没什么区别，然后我就讲了宋朝南迁前后辛弃疾的几段生平。我说，你们看，这样一个有勇有谋、能文能武、忠诚又热血的英雄，在南归之后整整45年都没有得到重用；再看这两首词的写作时间，间隔了三十多年，从"揾英雄泪"一直到"廉颇老矣"，但是辛弃疾从来没有改变过，从来没有放弃过。这两首词的"没有区别"，不正是这个人身上最令人感动的地方吗？

赵：啊，这思路太棒了！

郑：然后讲到他六十八岁临死还在喊"杀贼，杀贼"，全班都沉默了。我们班那个一直觉得语文不提分、不学语文的"功利"男生，都抬头听得特别认真，又低头想了很长时间。

赵：确实非常让人感动。

郑：真的，我这节课感觉真是无愧于您的教诲了——用10%的时间，让学生感受到文学承载的那种触及灵魂的、最动人的地方！

小郑老师最后说的"10%的时间"，指的是我在给他们讲课时表达的一个观点：作为专业教师，我们既是经师又是人师，而不是只见分数不见学生的考试培训员。因此，基于现实我们需要也应该花90%的时间帮助学生应试，但即使应试的教学也有必要使其更加高效与有趣。同时，教师要有意识地拿出10%的时间，给学生讲那些可能不会考却对学生素质提高、人生成长有重要价值的内容。郑老师正是因为实现了这一点而欣喜不已。因此，高效与有趣的教学不仅对学生有价值，对教师同样意义重大——每一节课都是教师的作品，这作品承载了教师的梦想，给教师以勇气和力量。每一节课都是教师生命的一部分，我们不能随便处置一堂课而怠慢自己的生命。因此，高效与有趣的教学不仅是为了学生，也是为了我们自己——让教学因你而精彩，让你因教学而美丽！

第一辑

把握教学内容

教师教什么？学生学什么？这是教师在备课时首先要考虑的内容。教学内容就是学生的精神食粮，直接决定了学生能获得怎样的人生成长与素质提升，是实现教育教学目标的关键。

　　总的看来，教师把握教学内容可从以下五个方面入手：

高——高层次学科素养

思——高品质思维能力

实——夯实学科基本功

正——端正价值观教育

通——通联知识与生活

第一章　高——高层次学科素养

爱因斯坦说："教育，是人们遗忘了所有学校灌输的知识后，仍能留存的东西。"日本数学家米山国藏更明确指出："作为知识的数学出校门不到两年就忘了，唯有深深铭记在头脑中的数学的精神、数学的思想、研究的方法和着眼点等，这些随时随地发生作用，使人终身受益。""精神""思想""方法和着眼点"，即是爱因斯坦所言教育应"留存的东西"，不仅是数学学科，也是所有学科中最值得珍视和追求的教学目标、教学内容。

我们将每个学科中最应"留存的东西"——对学生的发展最为重要，学科中最有价值、最值得被珍视的部分——称为"高层次学科素养"。教师在备课时一定要建立"知识是载体"的意识，将知识呈现、教学目标朝向高层次学科素养，以高层次学科素养作为组织教学内容的指引，这是本节所提出的"高"的关键。

当前关于学生素养的提法非常多，包括核心素养、关键能力、21世纪素养，等等。[①] 这些提法都是有价值的，但它们都指向学生在经历了基础教育之后应形成的总体素养，包括"全面发展"的培养目标也是如此。教师备课时，这些学生发展素养的提法对确定教学内容有参考价值，但其学科针对性不强，教师很难将其具体落实在自己的学科教学中。2001年教育部颁布的《基础教育课程改革纲要（试行）》提出了三维教学目标——知识与技能、过程与方法、情感态度与价值观，其中"过程与方法""情感态度与价值观"

---

① 有关这些概念的溯源和解读参见褚宏启：《核心素养的概念与本质》，《华东师范大学学报（教育科学版）》，2016年第1期；林崇德：《构建中国化的学生发展核心素养》，《北京师范大学学报（社会科学版）》2017年第1期。

这二者与"知识与技能"相比是更上位、更高层次的教学目标，它们以知识为载体，同时又超越了知识的传授与习得。这两个方面可谓学生发展的"硬件"和"软件"，对学生的素质提高和全面发展至关重要，较好地体现了高层次学科素养；同时，这两个方面有很强的学科针对性，在各个学科教学中都有具体的抓手。

在下面的分析中，我们将"过程与方法"提升至更上位的学科"思想方法"层面，以凸显高层次学科素养的内涵及其对学生发展的价值；同时，我们将通过例证和分析来说明"情感态度与价值观"不只关乎学生的情绪情感，还是个体素质与能力的重要成分，是决定学生社会性发展程度的重要因素。

1. 聚焦"思想方法"

人类社会所有领域的实践都有"指导思想"，"思想"是人类从实践中总结出来的本质与规律，往往表现为一揽子特定的过程与方法，因此也常常被称为"思想方法"。在所有的学科教学内容中，"思想方法"是最上位的，对所有知识技能有统摄意义，以"思想方法"驱动学科教学，帮助学生理解和把握学科思想方法，是培养学生高层次学科素养的关键。"授之以鱼不如授之以渔"，"方法"是获得知识的工具与策略，恰有"渔"的性质，是构成学生素质与能力的核心。美国著名教育心理学家布鲁纳指出[①]：

> 学校里的学习使学生掌握了某种技能，这种技能可以迁移到以后不论在校内或离校后所遇到的活动上去。先前学习使日后工作更为有效的第二种方式，则是通过所谓非特殊迁移，或者，说得更确切些，原理和态度的迁移。这种迁移，从本质上说，一开始不是学习一种技能，而是学习一个一般观念，然后这个一般观

---

① ［美］布鲁纳：《教育过程》，邵瑞珍译，文化教育出版社 1982 年版，第 36–37 页。

念可以用作认识后继问题的基础，这些后继问题是开始所掌握的观念的特例。这种类型的迁移应该是教育过程的核心——用基本的和一般的观念来不断扩大和加深知识。……（学生）学到的观念越是基本，则这些观念对新问题的适用性就越宽。……学校课程和教学方法应该同所教学科里基本观念的教学密切结合起来。

显然，让学生获得"基本观念""一般观念"比具体的知识技能更重要，因为前者可有效地驱动知识的获取与迁移。在学科教学中，这种"基本观念""一般观念"的核心与关键就是"思想方法"。以数学为例，有研究者指出："数学思想方法之所以重要，因为数学产生和发展必须依赖这些基本思想，同时，它们也是学习过数学的人应当具有的基本思维特征。"[①] 如此，"思想方法"就与学生的素质和能力关联起来了。下面我们以数学为例，说明"思想方法"的内涵及其价值。

《义务教育数学课程标准（2022版）》把传统的"双基"扩充为"四基"，即在基础知识和基本技能的基础上增加了"基本思想"和"基本活动经验"。数学思想是对具体的数学方法——如等量替换、数形结合、递归法、换元法，等等——更上位的概括，指向了学科思想方法。有研究者指出，数学的基本思想有三种：抽象、推理和模型[②]。

> 通过抽象，人们把现实世界中与数学有关的东西抽象到数学内部，形成数学的研究对象；通过推理，人们从数学的研究对象出发，在一些假设条件下，有逻辑地得到研究对象的性质以及描述研究对象之间关系的命题和计算结果；通过模型，人们用数学所创造的语言、符号和方法，描述现实世界中的故事，构建了数学与现实世界的桥梁。

---

① 史宁中：《数学基本思想与教学》，商务印书馆2018年版，第2页。
② 同上。

我们来看一个体现抽象思想的例子[①]。

一个水龙头及 n 个容量不等的水桶，依怎样的次序灌水，才能使总的等待时间最短？

解题：设灌满第一桶水至第 n 桶水分别需时间 a_1，a_2，$\cdots$，a_n。注满第一桶水要等的时间是 a_1，注满第二桶水要等的时间是 a_1+a_2，注满第三桶要等 $a_1+a_2+a_3$，等等。总的等待时间是 $T=a_1+(a_1+a_2)+\cdots+(a_1+a_2+\cdots+a_n)=na_1+(n-1)a_2+\cdots+a_n$，当序贯 a 按升序排列时最小，即 $a_1\leqslant a_2\leqslant\cdots\leqslant a_n$，也就是容量小的先灌，总的等待时间最短。

在日常工作和生活中，这样排队、等待的场景不胜枚举，如在银行排队办业务，在超市排队结账，不同的零件在同一条生产线等待被加工，等等，其中都有如何排序以使等待时间最短的问题。基于数学抽象，所有这些场景都可以被表征为特定的符号、公式。事实上，所有的数字、数学符号、公式、定理都是数学抽象的结果，是数学学科思想方法的重要体现。

再来看有关推理的思想方法。中小学数学教学中有大量需要证明的内容，其思维核心就是推理，这些推理大多数是演绎推理，下面我们来看体现另一种推理思想——合情推理——的例子。有这样一道小学数学题："周长一定的情况下，什么图形面积最大？"此题有现实意义，如我们用固定长度的铁丝做捞网，做成圆形其面积是最大的。我们来看三种不同的教学方法：

– 糟糕的教学方法：让学生知道并记住这个结论，这是"死知识"的单向灌输。

– 普遍使用的教学方法：教师让学生动手实验，用一根绳子围成不同的图形，在其中放满、铺平绿豆进而称重，发现圆形能围住的绿豆最多，说明周长一定时圆的面积最大。这种方法让学生在实践中获取知识，富有趣味，直观形象。但是，这样的教学数学意味不够浓厚，缺乏对数学思想方法

---

① 华罗庚、王元：《数学模型选谈》，湖南教育出版社 1991 年版，第 14 页。

的训练。

– 培养学生推理思想的教学方法：给学生打印出周长一样的正三角形、正四边形、正五边形、正六边形，标示必要的参数，让学生计算每种图形的面积。学生会发现，随着边数增加，图形的面积也在不断增大。学生可据此进行推理：周长一定时，正 n 边形的面积大于正 n–1 边形的面积（n ≧ 4）；而随着边数的增加，图形会越来越接近于圆形，由此推断，周长一定时圆形的面积是最大的。这种方法的核心就是数学推理，但是与演绎推理不同，它是蕴含着猜想的合情推理。[①]《义务教育数学课程标准（2022 版）》指出：

> 推理意识主要是指对逻辑推理过程及其意义的初步感悟。知道可以从一些事实和命题出发，依据规则推出其他命题或结论；能够通过简单的归纳或类比，猜想或发现一些初步的结论；通过法则运用，体验数学从一般到特殊的论证过程；对自己及他人的问题解决过程给出合理解释。

由此可见，合情推理是重要的数学思想方法，教师应当理解这种数学思想的内涵，并在教学中着力培养学生的数学推理能力，从而指向高层次学科素养。

《义务教育数学课程标准（2022 版）》指出：

> 模型观念主要是指对运用数学模型解决实际问题有清晰的认识。知道数学建模是数学与现实联系的基本途径；初步感知数学建模的基本过程，从现实生活或具体情境中抽象出数学问题，用数学符号建立方程、不等式、函数等表示数学问题中的数量关系和变化规律，求出结果并讨论结果的意义。

教师如何在教学中培养学生的模型思想？我们来看一个例子。

某快餐店推出了一款新套餐，如何定价才能获得最大的单品利润呢？对

---

① 关于"直觉""猜想"与"合情推理"在数学学习中的价值，可参考顾泠沅主编：《数学思想方法（第 2 版）》，中央广播电视大学出版社 2016 年版，第 72–89 页。

于四年级的学生，教师可以引导他们为此构建一个数学模型。

请快餐店在一个时间段内从低到高制定不同的套餐价格，如设置六种定价，分别是 20、25、30、35、40 和 45 元，教师让学生收集不同定价下的利润数据。学生收集到这些数据后，可以制作一个表格，将价格和相应的利润分别对应起来（表中定价和利润值为示意）。

时间	定价（元）	利润（元）
第 1 天	20	300
第 2 天	25	480
第 3 天	30	540
第 4 天	35	580
第 5 天	40	550
第 6 天	45	500

让学生将价格标在横坐标上，将利润标在纵坐标上，二者交叉的位置形成 6 个数据点，将这 6 个点用最接近它们的平滑曲线连起来，这即是定价和利润关系的模型。

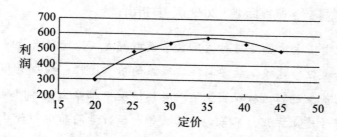

通过该曲线学生会发现，最初随着定价提高，利润会较快增加；定价继续增加时利润仍会增加，但增速变慢；当定价高于某个值时利润反而开始下降，这很可能是因为套餐定价过高使得购买人数减少。

在图中的曲线上可以找到其最高点，该点表示利润的最大值，它对应的横坐标（定价）的值，即是该模型所提示的能获得最大利润的定价。这个定价不是实际观察到的，是基于数学模型得到的一个估计值，但这个估计值有相当高的合理性。这个模型告诉了我们一个关于定价和利润之间关系的"故事"，学生藉此体验到了数学对现实进行刻画的方法与价值，并感到欣喜，获得成就感。对于高中生，还可以用函数的形式表达这条曲线，形成一个基于模型的方程，使该模型对现实的表征更加精确，概括性更高。

下面再以语文教学为例，分析学科思想方法的内涵及其价值。

东京奥运会的赛事解说员贡献了许多富有中国特色的解说词，展现了中国文化的魅力：

杨倩（射击金牌）："除却君身三重雪，天下谁人胜白衣。"

此句出自黄启远《听雪楼诗笺》中的《白衣胜雪》，意为"若是你这样的人都不着白衣了，天下还有谁能配得上一袭白衣呢？"用在这里烘托出了射击运动员的惊艳与特出。

孙一文（女子击剑金牌）："一剑光寒定九州。"

此句出自古龙《三少爷的剑》："剑气纵横三万里，一剑光寒十九州。"将击剑选手的万丈豪气与飒爽英姿体现得淋漓尽致。

陈芋汐、张家齐（跳水女子双人金牌）："雏凤清于老凤声。"

此句出自李商隐《韩冬郎即席为诗相送》："桐花万里丹山路，雏凤清于老凤声。"原诗用来比喻儿子才华胜于父亲，用在这两位"00后"跳水小将身上，则表达了对新生代跳水健儿的肯定和希冀。

崔晓桐等（赛艇金牌）："一棹逍遥天地中。"

此句出自张治国《七律·泛舟洞庭湖》："一棹逍遥天地中，浮沉烟浪自从容。"形象地描绘出了姑娘们在赛场上的畅快与从容。

孙颖莎（乒乓球银牌）："少年负壮气，奋烈自有时。"

此句出自李白《少年行二首》，致意小将孙颖莎虽此赛未能夺冠，但未来可期，必将迎来自己的高光时刻。

这样的解说体现了解说员的文学修养，不正是我们期望的语文教育成果吗？张中行说："文言有打破时空限制的魔力，所以历代大量能文的人愿意用它，不能不用它。""文言简直像个罕见的怪物，它几乎没有什么变化地活动了三千年上下。"[①]古诗文为什么成为我们愿意用，也不得不用的"罕见的怪物"？因为它用最高效、最精妙的思想方法表达了事物的本质及人们内心的情感。

上述解说词即蕴含着中国文学——尤其是古诗词——刻画世界和人心的思想方法：蕴藉与寄情自然。蕴藉指不直接表情，寄情自然指通过营造画面来表情。通过这两种手法，中国古诗词形成极富美感的意境，进而引发超越性的美感体验——由浅入深，直至深不可及；由实入虚，直至虚纳万境。中国绝大部分古诗词要么纯粹对自然进行描摹，要么借景抒情，这是其达致蕴藉、形成高级审美效果的关键。自然有大美并给人以启示，同时，人们与自然分享动人的情意，"情"与"景"相互依偎、相互渗透，形成神妙的审美意象，为形成古诗词的最高审美范畴——意境——奠定了基础。意境源于意象又超越了意象，有意境的诗词在方寸之间呈现的是微尘和刹那之象，却能够生发、幻化象外之象，从而让人看到大千世界、千古情怀，这是中国古诗词不朽和迷人的根本原因。[②]

特定的思想方法赋予中国文学强大而持久的力量，使其能跨越千年而直指人心。回看语文教学，教师必须引导学生理解、体验这些思想方法，才能使学生把握并获得古诗文强大而恒久的塑造美、表达美的力量，在其未来人生中的某个时刻——就像解说员面对奥运中的高光时刻，能够再现、运用这种思想方法抒发自己内心的情感，对认知对象进行最美、最深刻的描摹。因此，语文教学中讲解古诗文，不能只是简单让学生把文本背下来，或孤立地

---

① 《张中行作品集（第一卷）》，中国社会科学出版社1995年版，第30页。
② 参见赵希斌：《中小学古诗词评点及教学建议》，华东师范大学出版社2019年版，第17–26页。

讲授文本背景、写作技法，没有文化和思想层面的支撑，教学内容将停留于表浅的知识，无力触及学科中最关键、最有价值的高层次学科素养。推而广之，语文教学中面对经典文本，都应重视其中带有文化意味的"思想方法"，实现对具体知识的超越，朝向布鲁纳所说的"基本观念""一般观念"，为学生高层次学科素养的形成奠定基础。

上面举了数学和语文两个学科的例子，事实上，各个学科都有自己的思想方法。总的说来，学科思想方法具有四个特点：

- 是学科知识生成、应用的基础；
- 体现学科特点；
- 具有高度概括性和可迁移性；
- 具有相当高的稳定性。

各学科教师应加强对学科思想方法的学习和琢磨，形成深刻、切实的领悟与把握，并力求在教学中实现对学生学科思想方法的培养。例如，有研究者指出[①]：

> 什么样的人才算具有较高的科学素质？这不仅要看他的科学知识有多少，而且要看他的言行所反映出的，他对科学本质的认识程度，以及对科学过程、科学方法的领悟。……人的科学素质表现之一是"说话要有根据，说话要合乎逻辑"。例如，关于做匀速圆周运动物体的加速度的方向问题，可以从小球在水平桌面运动时的受力体验出发，得知做匀速圆周运动的物体受力的方向。但是，这种做法得出的结论有可能是不可靠的。本教科书则是利用加速度和矢量运算的知识，在普遍情况下得出做匀速圆周运动物体的加速度的方向，这样得出的论断才具有一般性。对于许多将来不以科学技术为职业的学生，也许匀速圆周运动的知识将会忘记，但一次又一次这样的逻辑训练将长留心中，成为他们的潜

---

① 人民教育出版社等：《普通高中课程标准实验教科书·物理1 必修·教师教学用书》，人民教育出版社，"编者的话"第3-4页。

意识和价值观。学生将来应该思维有条理、看问题不片面、善于认识新事物。

这段话写得好！其中提及的"科学素质""科学过程""科学方法""逻辑"等既是学科思想方法，也是高层次学科素养。就像地基打得越深、越扎实，楼才能建得越高，学科思想方法是组织教学内容的基本着眼点，教师在备课时要力求教授的内容源自思想方法又朝向思想方法，从而促进学生高层次学科素养的发展。再如，有研究者总结了生物学科的思想方法，包括：生命的物质性、生命结构的层次性、结构与功能相适应、生物与环境相适应、生命的系统思想、生命的对立统一、稳定平衡思想、发展进化思想。[①]教师在准备教学内容时，就要以这些思想方法作为出发点和落脚点，以知识为载体促进学生掌握学科思想方法。

2. 优化"态度与价值观"

微信公众号"北大清华讲座"发表了文章《从北大退学重考上清华，一个"985废物"的自我重构》。[②]该文章讲述了16岁的杜青云2016年考上北京大学，大三接近尾声的时候，他从北大光华管理学院退学了。杜青云回忆，让他进光华管理学院是父亲的决定——"毕业出来随便去哪个企业，那都是几十万"。杜青云在北大遇到了四方面的问题：经济相对拮据、无法融入同学的社交圈、不喜欢自己的专业、无法处理好人际关系。这些使他厌恶和逃避北大的学习生活并堕入到虚拟世界中，经常旷课，有时一打游戏就是一整天。杜青云用"自暴自弃"形容自己退学前的状态。大三上学期，他只通过了两三门课的考试。大三开始前的暑假，他在中南大学湘雅医院确诊了中度抑郁。2019年5月1日，杜青云去教务处办理了退学手续。2020年7月，

[①] 孔春生：《学科教学详解·初中生物》，湖南教育出版社2015年版，第437–444页。

[②] https://mp.weixin.qq.com/s/oP–T1RZn0k_AwaygacKw2Q；亦可见专访视频 https://m.toutiao.com/is/ewD6BJ2/

杜青云再次参加高考，并以718分的成绩成为湖南省理科高考状元。

　　杜青云的高考成绩如此优异和稳定，说明其智商和学习能力很强，但他显然遇到了仅凭成绩和考试无法解决的人生问题。杜青云的遭遇不是个案，根据"博雅数据"的调查，北京大学2017届毕业生中约有100名学生不能正常毕业，退（休）学率为4.2%；清华大学则有200余名学生不能正常毕业，退（休）学率为7.6%。显然，考试成绩优异的"杜青云们"及其他所有学生都会遇到各种各样的人生问题，这些问题不是重考一次大学、换一个专业就可以解决的。对此我们应警惕：这是否显示学生在某方面的经验和素质缺陷？如果答案是肯定的，这样的经验和素质是什么，又如何在教学中培养？

　　为了回答这些问题，我们先来看路遥的《平凡的世界》中主人公孙少平的遭遇：孙少平在煤矿工作时，被一块大矸石砸中住进了医院。"伤势显然是严重的，大矸石的一角从右额扫过，伤口的某些地方都露出了头骨，最严重的是右眼积满淤血。""孙少平醒来后感觉头剧烈地疼。右眼象戳进了一颗铁钉。"在这伤痛之际，"不知为什么，他猛然间想起了叶赛宁的几句诗："不惋惜，不呼唤，我也不啼哭……金黄的落叶堆满我心间，我已经再不是青春少年……"在人生的艰难时刻，是什么在支撑、抚慰这个年轻人？是他曾经读过的文学作品，更准确地说，是基于文学阅读形成的人生态度与价值观。孙少平在初中读了人生的第一部文学作品——《钢铁是怎样炼成的》。《平凡的世界》中有这样的描述：

　　　　他一下子就被这书迷住了。……保尔·柯察金，这个普通外国人的故事，强烈地震撼了他幼小的心灵。天黑严以后，他还没有回家。他一个人呆呆地坐在禾场边上，望着满天的星星，听着小河水朗朗的流水声，陷入了一种说不清楚的思绪之中。……他突然感觉到，在他们这群山包围的双水村外面，有一个辽阔的大世界。而更重要的是，他现在朦胧地意识到，不管什么样的人，或者说不管人在什么样的境况下，都可以活得多么好啊！在那一瞬间，生活的诗情充满了他十六岁的胸膛。他的眼前不时浮现出保尔瘦削的脸颊和他生机勃勃的身姿。他那双眼睛并没有失明，永远蓝莹莹地在遥远的地方兄弟般地望着他。当然，他也永远不能忘记可爱的富人的女儿冬妮娅。她真好。她曾经那样地热爱穷人的儿子保尔。少平直到最后也并不恨冬妮娅。他为冬妮娅和保尔的最后分手而热泪盈眶。他想：如果他也遇到一个冬妮娅该多么好啊！

"辽阔的大世界""在什么情况下都可以活得多么好""生活的诗情""遇到自己的冬妮娅"，这些是因文学感悟而生成了对生活和生命的理解、向往、追求……显然，《钢铁是怎样炼成的》对孙少平的人生态度与价值观产生了极为正面的影响——有了文学阅读的孙少平发生了重要的变化，他和以往的自己不一样了！

此后，孙少平读了《卓娅和舒拉的故事》《红岩》，还把《创业史》借给自己爱慕的郝红梅。和晓霞认识后孙少平读的书就多了起来，包括《辩证唯物主义和历史唯物主义》《各国概况》和《马丁·伊登》，其中杰克·伦敦的《热爱生命》是列宁也非常喜欢的书，对少平的影响很大。晓霞推荐少平看《参考消息》，在少平高中毕业后也一直给他寄《参考消息》。"文革"时他看了《天安门广场诗抄》，去黄原打工时候在贾冰的家里借了《牛虻》，后来他读了《马克思传》《斯大林传》《居里夫人》等传记。少平分家后回到黄原，晓霞又给了他许多书，包括《艰难世事》《简·爱》《苦难的历程》《复活》《欧也妮·葛朗台》《白轮船》《热妮娅·鲁勉采娃》。他和晓霞在麻雀山唱的《白轮船》中的歌，是他们两个对双方心思的试探，而《热妮娅·鲁勉采娃》则让两个人确立了恋爱关系，这本书男女主人公的结局也暗示了少平和晓霞两个人的情感结局。晓霞死后，孙少平去了古塔山，他们曾约定在那里相会。那时他想起了《热妮娅·鲁勉采娃》中的话："是的，命运将使他重复这个故事的结局。在这个世界上，在人的生活里，常常有这样的巧合。这不是艺术故事，而是活生生的人的遭遇。"

文学滋养并强韧了孙少平的生命，文学中的人物陪伴着、抚慰着孙少平，让孙少平在起起伏伏、阴晴不定的人生之旅中不再慌张，不再迷惑。路遥为什么要安排主人公与文学产生这样的交集？因为这就是他自己的人生写照。路遥24岁进入延安大学学习后，他发奋看书，像海绵一样吸收各种知识，充实自己、丰富自己。他的同学这样描述路遥[①]：

> 路遥上延安大学了，把我的家当作了他的家，每个星期日，我们清贫得只能用口粮中百分之三十的白面做一顿揪面片，但关于文学和人生的谈话，却是我们最好的佐料。他说他和他的同学们在编关于延安的诗选，……他谈他读基辛格的《外交几何学》，读苏俄和欧美的浩如烟海的名著，那么，关于《红字》，关于《战争与和平》，关于《茹尔宾诺夫一家》，关于普希金的抒情诗和叙事诗，就成了我们永远说不完的共同话题，而关于文学、关于理想、关于追求和未来，自然更是一切话题中的最重要的主题……

路遥在生活上是清贫的，但其生命因为文学而焕发光彩。我们似乎看到孙少平和路遥的人生时常重叠在一起，文学在他们的生命中起到了极重要的作用，文学塑造了他们的人生。

由此我们看到，基于文学阅读，作者、作品中的主人公、读者的生命感悟交织在一起，文学也塑造了他们的人生态度与价值观。可以明确地说，态度与价值观是决定学生素质的一个关键因素，是每个学科教学应当关注的高层次学科素养。打个比方，一台计算机包括硬件和软件两个系统，二者共同决定了计算机的功能和品质。如果说思想方法是决定学生素质的硬件，态度与价值观就是决定学生素质的软件。态度与价值观决定了一个人对世界和人生的看法、人生的追求与格局，面对困境时能否意志坚强并保持乐观。

杜青云进入北大后遇到的问题——经济相对拮据、无法融入同学的社交圈、不喜欢自己的专业、无法处理好人际关系——无论性质或程度都算不上

---

① 张艳茜：《路遥传》，陕西人民出版社2017年版，第178–179页。

糟糕和严重，他却因此而崩溃，显得无比脆弱和毫无战斗力。从个体的社会价值来看，难道一个考上中国顶尖大学的学生，目之所及、心心念念的就是读一个挣大钱的专业、融入主流社交圈吗？对此我们必须反思："杜青云们"及其他所有的学生是否也可以或应该像孙少平那样，从语文、历史、社会等学科中获得人生启发和力量呢？我们的教学是否应在学生态度与价值观的培养中充分发挥更积极的作用呢？

有关人生意义以及如何面对人生中的挫折和困境，古今中外已有很多人对这些问题进行了深刻的思考，以自己的实际行动做出了榜样，并在语文、历史、思想品德、美术、音乐等课程中以多种方式表现出来。下面以语文教学为例，说明学科教学对塑造"杜青云们"的态度与价值观的意义：

语文教学内容	态度与价值观塑造
— 蝉和小斑鸠讥笑扶摇九万里的鹏："我们奋力而飞，碰到榆树和檀树就停止，有时飞不上去，落在地上就是了，何必要飞九万里到南海去呢？"（《庄子·逍遥游》，基于原文的白话翻译）	建立更高远的志向与人生追求，形成更广阔的人生格局。
— 死生、存亡、穷达、贫富、贤与不肖、毁誉、饥渴、寒暑，事之变、命之行也。（《庄子·德充符》） — 不乐寿，不哀夭；不荣通，不丑穷。（《庄子·天地》） — 知其不可奈何而安之若命，德之至也。（《庄子·人间世》）	因去除"分别心"而安然与不争；因无为、顺应而摆脱心为物役、心为形役，获得真正的自由与自在。
— 好读书，不求甚解；每有会意，便欣然忘食。（陶渊明《五柳先生传》） — 质性自然，非矫厉所得。（陶渊明《归去来兮辞》） — 君子矜而不争，群而不党。（《论语·卫灵公》）	恬静自然，不慕名利。发现并保持自己的本性，不违逆、不矫厉。君子不齿为名利混圈子。
— 三军可夺帅也，匹夫不可夺志也。（《论语·子罕》） — 自暴者，不可与有言也；自弃者，不可与有为也。言非礼义，谓之自暴也；吾身不能居仁由义，谓之自弃也。（《孟子·离娄上》）	在逆境中不抛弃、不放弃，保持旺盛的斗志。坚持理想，坚定信念，自尊自重，永不言弃。
— 贤哉，回也！一箪食，一瓢饮，在陋巷，人不堪其忧，回也不改其乐。贤哉，回也！（《论语·雍也》） — 君子固穷，小人穷斯滥矣。（《论语·卫灵公》） — 故士穷不失义，达不离道。……穷则独善其身，达则兼善天下。（《孟子·尽心上》）	君子淡泊名利，为了理想和信念甘于忍受贫困，不因贫困而自怨自艾。

　　　　　　　　　　　　魅力课堂：高效与有趣的教学（第2版）

语文教学内容	态度与价值观塑造
— 独孤臣孽子，其操心也危，其虑患也深，故达。（《孟子·尽心上》） — 不以物喜，不以己悲，居庙堂之高则忧其民，处江湖之远则忧其君。是进亦忧，退亦忧。然则何时而乐耶？其必曰"先天下之忧而忧，后天下之乐而乐"乎！（范仲淹《岳阳楼记》） — 位卑未敢忘忧国。（陆游《病起书怀》） — 为天地立心，为生民立命，为往圣继绝学，为万世开太平。（张载）	要有家国情怀，要有责任意识和担当精神；不要纠结、受困于个人的成败得失。
—（何谓浩然之气？孟子曰）其为气也，至大至刚，以直养而无害，则塞于天地之间。其为气也，配义与道。（《孟子·公孙丑上》） — 居天下之广居，立天下之正位，行天下之大道；得志，与民由之；不得志，独行其道。富贵不能淫，贫贱不能移，威武不能屈，此之谓大丈夫。（《孟子·滕文公下》）	去蝇营狗苟之习，养天地浩然之气，做顶天立地的大丈夫。

对于这些与态度、价值观有关的内容，我们应当反思：我们该如何教这些内容？教学目的是什么？这些教学内容有没有对学生的态度与价值观产生积极的影响？这些教学内容有没有提升学生的素质，助力其把握人生方向，应对生活中的困境和挑战？由于态度与价值观不易在考试中进行测试，在应试教育的背景下很容易被忽视，我们要检视自己在教学中是否足够重视有关态度与价值观的内容，并真正将这些内容与学生的人生发展关联起来，而不是让学生把这些内容背下来用以应付考试。

上面只是以语文教学中的一小部分内容为例，说明态度与价值观教育的必要性和可行性。在基础教育阶段，语文、历史、思想品德、美术、音乐等人文和艺术学科中都有大量对学生进行态度和价值观教育的素材，教师在备课时对此应予以高度关注。这部分内容和后面第四章要分析的"正——端正价值观教育"有区别。这里强调态度价值观是"高层次学科素养"的一部分，是学生能力和素质的"软件"部分，对学生应对人生挑战极为重要；而端正价值观教育则更强调道德、人品等方面的内容。

三流教学教知识，二流教学教方法，一流教学教素养。老师们，我们在教学时不但要埋头拉车，更要抬头看路！我们要仔细思考、品味所教学科的高层次学科素养，分析其内涵及其表现形式，并尝试着力将其落实在日常教学中。

　　任何一个学科教师在备课、教学时都要超越具体的学科知识，将其附着在高层次的学科素养上。看起来是同样的知识，教师如果定位于一个高远的目标，学生就有更大、更有价值的收获。当教师在教学时凸显高层次学科素养，展现学科中最迷人、最有价值的成分时，不但学生会被吸引，教师自己也会融入教学，体验到愉悦感和成就感。教师要有一种信念，教学是给了学生一把剑，并且教会学生一套剑法，但这不是全部，也不是最重要的，最高级的目标是"人剑合一"——这把剑成为剑客生命中的一部分！剑客在舞动这把剑时，你能看到美、看到感动、看到智慧、看到信念、看到勇气……

第二章　思——高品质思维能力

正如恩格斯所说，"思维是地球上最美丽的花朵"，思维是整个人类得以安身立命、飞速发展、获得幸福最重要的能力。对教学来说思维具有双重属性，既是所有教学目标包括高层次学科素养得以实现的条件，同时其自身又是重要的教学目标，是各个学科的共通能力。因此，备课时对高品质思维能力要给予高度关注。

我的一个学生在作业中写道：

2011 年的高考，我的文综分数很高，远远超过同级的所有同学，超出了我的预料，但细细想来又在情理之中。

高中时，课程标准有了变化。新版本的历史教材变成了模块设置，考试内容的思辨性和综合性提高了。高一高二我的历史成绩还好，到了高三上学期成绩则明显下降。我讨厌死记硬背，我必须找到一个更有效的学习方法，这个方法能让我在有效记忆的同时综合应用知识。我观察课本：每一课的题目是怎样确定的，它与整体的内容有什么关系？如果题目是重点，在课本中又是怎么体现的？大标题和小标题之间有什么关系，编课本的人为什么这么写？我画出每一段的层次，标注一段中哪几句话围绕着哪个点展开。由此，段落内内容和段落间内容的关系逐渐明晰。例如，看到中央到地方的政治军事权力此消彼长时，我会思考为什么要对这部分内容进行大段叙述和分析，此时一个暗藏的关系浮现出来，中央与地方权力斗争的脉络出现在我的脑海。尽管这些内容老师在课上也强调过，但当我通过自己的思考得到答案时，知识变得那么鲜活！

当我将一个单元分析完，我会回到序页。序页总是用短短的一段概括整个单元的内容，我将自己的感觉和这一段相比较，看一看重点是不是一致。当我对整本书进行"深加工"之后，我翻开目录，一行行地扫视，将时间的历程记住后再将目录分段，画出哪些内容具有更加紧密的联系。我一遍遍地巩固自己创造的体系，历史似乎在按着我的安排发展。记忆成为一个较为轻松的过程，一切都有迹可循。

从这个案例我们可以看到高品质思维多么重要！学生的思维能力和教学效果相辅相成，学习必须依赖思维，而学习的过程也是提高思维素质的过程，这就好像登山需要良好的身体素质，而登山的过程又提高了个体的身体素质。因此，教师在处理教学内容时，要有意识地以教学内容为载体，培养学生的思维能力，这是把握教学内容的一个重要出发点。

下面我们从理解、应用、批判性思维、创造性思维等四个方面对教学中如何培养学生的思维进行分析。

1. 优化理解

学生学习的核心任务就是理解人类积累的认识与经验，因此理解是所有思维活动中最重要的一种形式。前面学生学习历史的案例，让我们看到理解对于学习的重要价值，在教学中提升学生的理解能力至关重要。

教学中优化理解还有一个重要意义：理解对记忆、应用、批判性思维等产生重要影响，是其他思维活动的基础。以理解对识记的影响为例，上述案例中学生说："记忆成为一个较为轻松的过程，一切都有迹可循。"有这样的记忆效果，就是因为她对知识形成了深入的理解。

从心理学的角度而言，记忆包括信息登记、整理、存储、提取几个环节，其中整理这个环节最为关键。有口无心的死记硬背，缺乏对识记信息的理解，这些内容无法进入已有认知结构而容易被遗忘。例如，当棋子在棋盘上随机放置的时候，专业棋手记忆棋子位置的能力并不比新手强；而当棋子的摆放是有意义的、合理的，专业棋手的回忆与再认明显优于新手，因为这样的棋子摆放对专业棋手来说是可理解的，这意味着对信息的理解能够优化识记。因此，我们强调有效的、优质的记忆是理解基础上的记忆，应避免生吞活剥式的死记硬背，这样的识记不仅效果不好，还会让学生产生挫败感。理解还会对知识应用、批判性思维等产生重要影响，这一点将在后面进行分析。

（1）理解的过程

理解的"理"，可以认为是"整理、理顺"之意；而"解"，可以认为是"分解、消化"之意。基于这两种思维过程，外在、陌生的内容转化为自己可以解释、能够接受的内容，新的知识得以与个体已有的认知结构形成实质性关联。这使得理解成为一个"生长"的过程——个体的认知结构通过理解得以完善、扩展或更新。

具体到教学中，理解主要体现在两个方面——澄清"是什么"以及"为什么"。人类天生具有好奇心，很小的孩子就会不停地问"是什么""为什么"，这是人类探索和理解世界的本能。正是在回答这两类问题的基础上，人类获取、积累了大量知识。教师在教学中应激发和利用这种本能，引导学生在积极思考的过程中形成对知识深刻的理解。

● 澄清"是什么"

澄清认识对象"是什么"，是人类认识自然、社会、自我的基本问题，各学科教学中的诸多知识，就是对这一问题的回答。例如，物理中的"阴极射线"是什么？语文课文《子路、曾皙、冉有、公西华侍坐》（以下称《侍坐》）中，孔子说"吾与点也"的含义是什么？历史与社会学科中，毛泽东在《中国社会各阶级的分析》中提出了"小资产阶级"这一概念，这个阶级的特点是什么？

各学科教学内容中都有大量具体的事实、现象，以及抽象的术语、概念、定义、定理、论证，这些内容都需要学生理解，而学生理解的本质就是能够回答这些内容"是什么"。总的说来，人们从以下六个方面回答认识对象"是什么"的问题，这也是我们促进学生理解认识对象的六个切入点：

- 确认与聚焦：聚焦于认识对象中的某些成分，生成"是什么"的问题。
- 成分与要素：说明认识对象的成分，尤其是其中的关键要素。
- 结构与关系：澄清认识对象中各要素的关系及其结构。
- 状态与特征：说明认识对象的表现、特点及其发展变化的模式和规律。
- 关联与背景：呈现对认识对象的发生发展有重要影响的相关因素。
- 性质与意义：说明认识对象的地位、价值、意义。

下面通过三个学科的例子说明如何通过这六个方面澄清认识对象"是什么"，促进学生对事物形成认识和理解。

	物理 电子的发现	语文 "吾与点也"解读	历史与社会 对小资产阶级的分析
确认与聚焦	发现阴极射线。	孔子与曾皙的互动。	小资产阶级。
成分与要素	带电粒子（电子）。	曾皙的话，孔子的话，孔子的情绪与动作。	自耕农，手工业主，小知识阶层。
结构与关系	汤姆森提出"葡萄干布丁"模型：带负电的电子平均分布在带正电原子中，正、负电荷相互抵消。	子路、冉有、公西华分别回答了孔子的问题，孔子也都做了回应。曾皙最后回答孔子的问题，孔子回应："吾与点也。"	类Ⅰ：有余钱剩米的；类Ⅱ：经济上大体上可以自给的；类Ⅲ：生活下降的。
状态与特征	电子带负电；在磁场和电场中会偏转；可使极轻的小风车旋转；与原子相比电子质量极小。	孔子表示赞同曾皙的话，同时又喟然而叹。	类Ⅰ：发财观念极重，怀疑革命，属右翼；类Ⅱ：想发财而不得，多有怨言，怀疑革命，立场中立；类Ⅲ：生活凄凉，精神痛苦，属左翼。

	物理 电子的发现	语文 "吾与点也"解读	历史与社会 对小资产阶级的分析
关联与背景	以往人们对物质构成的认识；之后人们对原子结构的认识：卢瑟福提出"行星"模型，玻尔提出电子分层排布模型，薛定谔提出电子云模型。	曾皙浴沂归咏之言与孔子入世济世、复礼求仁的毕生追求与实践不符，孔子却对曾皙之言表示赞同。	为反对两种倾向而作：以陈独秀为代表的只注意同国民党合作而忘记了农民的右倾机会主义；以张国焘为代表的只注意工人运动而不注意团结国民党内的革命力量及同样忘记了农民的左倾机会主义。
性质与意义	打破既有认识：物质由不可分割的微小粒子（原子，atom）构成。促使人们进一步探索构成原子的其他微粒。	深刻而生动地表现了孔子的情意：孔子在晚年为时不我遇而悲哀。忽闻曾皙浴沂归咏之言，顿生"道不行，乘桴浮于海"之感。雄心壮志与失望无力、勇敢执著与彷徨犹疑同在。	三类人对革命的态度平时各不相同；但到了革命潮流高涨时，不但左派参加革命，中派亦可参加革命，右派分子受了革命大潮所裹挟，也只得附和革命。

基于此例可见，真正的理解不是把教材中的有关知识背下来，而是从这六个角度剖析和把握事物多方面的形态、特征、性质、发展变化的原因和规律；同时，这些剖析只有与学生已有的认知结构形成真正的、实质性的关联，学生才算真正理解了所学的内容。

教学中呈现的需要理解的内容可以看作是有关认识对象的原始素材，理解的过程和结果实际上是一种转化，就像上面案例所显示的，通过聚焦、概括、抽象、关联，从不同的角度将原始素材转化为与已有认知结构产生实质关联的内容。上面的例子中，对三个认识对象的理解都是以文字表达的，事实上转化的形式是多种多样的，还包括言语、数据、图画、图表、示意图，等等，甚至歌唱、舞蹈、表情、肢体动作都可以作为转化的形式。

例如，一位物理老师鼓励学生把对物理知识的理解转化为艺术的形式[1]。

---

[1] ［美］玛丽亚·哈迪曼：《脑科学与课堂：以脑为导向的教学模式》，杨志等译，华东师范大学出版社 2018 年版，第 104—105 页。

我是一名高中物理老师，也是一名舞蹈演员。这两个专业看似是对立的，但对我而言，在我教课的每天，它们都在一起。跳舞时，我用肢体动作来向观众传达应有的情感；在物理实验室，我用探索的方式和数学知识来向学生传达预期的学习目标。在我的课上，这两种方式以惊人的方式自然结合。

　　这起始于我的第一年教学，那时我让学生用艺术形式向我解释牛顿的运动三定律。我原本期待会有一些歌曲、图画和大量的海报展示。实际情况是，我确实收到一些海报，而更多的还是各种艺术形式的作业。学生们的创造性让我大吃一惊：从带有主唱与舞蹈的饶舌歌曲，到一个名为"三定律：牛顿先生的人生与物理学"的戏剧。大部分学生想要向同学表达他们如何让物理学变得有趣，最后我录制了一些学生的表演。接下来的几年，我在教学过程中甚至用这些影片剪辑来帮助解释惯性、加速度以及作用力和反作用力——以一首名为"思考科学"的民谣作为开头。

　　这个项目活动促使我尽可能地从一个全新的角度来教学。在此之前，我曾采用的物理教学方式为传统授课、实验室和家庭作业，而现在我用录制好的舞蹈剪辑和转圈中的花样滑冰者来解释角动量。我请音乐家弹奏便携式乐器来诠释波浪和声音的特性。我用图片来解释光学中的折射或光弯曲。任何时候我教物理学内容，都让学生参与进来观看（物理学的内容）且进行艺术创作。而他们的技能常在多种艺术形式上超越我。

　　如今，当学生们在校友日回来看我时，他们迫不及待地告诉我他们日常生活中的物理学，以及我们的课堂曾提及的那些主题如何出现在他们的经历里。比如为什么在起跳前或蹦跳着地时膝盖会弯曲——为在起跳前积攒更多的弹力势能或为了延长改变动量所需的时间，从而在落下时减小影响身体的力。

这个案例提示我们，教师可以也应当以多种形式启发学生对学习内容进行认知转化，在此基础上评价学生对学习内容理解的状况和水平。

● **澄清"为什么"**

在各个学科的教学中，都有大量机会提出和解决"为什么"的问题。例如，语文教学中，让学生分析文中人物为什么有某种言行；数学教学中，问学生为什么买大的鸡蛋要比小的鸡蛋划算；历史教学中，让学生思考为什么毛泽东提出的"农村包围城市"的策略是正确的；地理教学中，让学生思考为什么孟买能够成为印度最大的棉纺织中心；生物教学中，问学生为什么与恐龙同时代的蕨类植物能够存活到现在；化学教学中让学生思考为什么加入某种催化剂之后化学反应变得迅速且剧烈。

总的说来，"为什么"的提出源于两个分类、四种情境，如下表所示：

分类	探求因果关系		与"是什么"相关	
情境	因果关系	因果机制	客观表现	主观判断
举例	为什么牛奶会被制成酸奶？（因为加入了乳酸菌）	为什么乳酸菌会让牛奶变成酸奶？（因为乳糖在乳酸菌作用下生成的乳酸使牛奶中的蛋白质发生变性而凝集）	井盖为什么要做成圆形的？（因为圆形井盖不会掉到井里）	为什么长江流域"共抓大保护、不搞大开发"是必要且可行的？（简言之，因为中国发展到了转型升级、实现绿色发展的历史节点）
关键特点	有明确的自变量和因变量	探索因果关系间的"黑箱"，即因果的内部机制	与认知对象自身的特点、性质有关	与人们的情感、意志、福祉有关

"为什么"的问题指向探求因果关系。"为什么"与"是什么"有着紧密的关联。当我们明确了认知对象"是什么"时，往往会自然地追问"它为什么是这样"；相应地，很多情况下正是因为解决了"为什么"的问题而澄清了"是什么"。例如，金刚石与石墨都是由碳原子构成的，为什么二者的物理性状差异那么大？一旦弄清楚这个问题，就能够澄清金刚石与石墨的原子结构是什么。当事物呈现出某种客观现象、特点，或事物被主观赋予某种属

性时人们会问"为什么"，二者都是在"是什么"基础上的追问，只不过前者是客观的"是什么"，后者是主观的"是什么"。前面有关"是什么"的内容，往往都对应着"为什么"的问题。

- 有关电子的发现，我们可以提出若干"为什么"的问题：为什么阴极射线的成分是电子？为什么阴极射线在磁场中会偏转？为什么电子的发现会促使人们进一步探索构成原子的其他微粒？

- 有关《侍坐》的解读，可以提出若干"为什么"的问题：为什么曾晳的话和孔子的反应是这篇文章的重点？为什么曾晳的人生追求与孔子的人生理想和实践不符，孔子却表示"吾与点也"？《侍坐》为什么会给我们带来深沉的感动？

- 有关对小资产阶级的分析，可以提出若干"为什么"的问题：毛泽东同时用职业和经济状况对小资产阶级的人群进行分类，为什么以经济状况对各类别的特征进行分析？为什么三类人对革命的态度、立场与其经济状况直接相关，后者是否是前者的决定因素，为什么？为什么革命潮流的涨落会对三类人产生如此深刻的影响？

总之，将要教授的知识转化为"为什么"的问题，对于激发学生思考、优化学生的理解非常重要。上述对"为什么"的问题内涵和形式的分析，可作为教学中提出"为什么"的问题的参考。需要强调的是，无论回答哪种"为什么"的问题，都需要丰富的经验、缜密的推理、深刻的洞察力。因此，教师不能只把问题提出来丢给学生，而要有意识地对学生的逻辑推理进行指导，并且为学生的思考提供必要的素材。

（2）理解的优化

理解可看作学生对知识的"整理、理顺"及"分解、消化"，前者使得知识变得更有条理，知识之间的关系被澄清，后者降低了知识的抽象程度，更贴近学生的具象经验，这两方面都有助于新知识与已有认知结构产生实质性关联。因此，优化知识的理解需要从这两方面入手。

● **调动经验**

学生学习的知识源于人们的经验又超越了经验，是人们对自然、社会和自我关键的、本质的、规律性的认识，因而往往有一定的抽象性。有些知识学生难以理解，一个重要的原因是抽象知识与学生的经验有较大距离，因而无法对知识形成真正的认知转化。例如，我国诗歌的特点有哪些？这个问题的本质是总结我国诗歌的特点"是什么"。课本上解释为："我国诗歌文学虽式样各异，但有一点相通，那就是重视意境的创造。"理解这句话的关键是"意境"和"意境的创造"，但这两个概念非常抽象，我们应铺垫具象的经验帮助学生理解，如明代谢榛在《四溟诗话》中说：

> 予初冬同李进士伯承游西山，夜投碧云寺，并憩石桥，注目延赏。时薄霭濛濛，然涧泉奔响，松月流辉，顿觉尘襟爽涤，而兴不可遏，漫成一律。及早起临眺，较之昨夕，仙凡不同，此亦逼真故尔。

谢榛夜晚和早晨看的是同一处地方，却有着迥异的感受——"仙凡不同"——一个是凡间，一个是仙境！指认实际上并不存在的仙境，是为了说明"看到"了与实景不同、比实景更美的景象。再如杜甫在《赠花卿》中说，"此曲只应天上有，人间哪得几回闻"，曲乐美到人间罕有的程度，这显示了人们面对某种审美对象时，在超现实、超感官层面生发了无与伦比的美感体验。基于这样的故事和具象经验，学生得以感受抽象概念——意境——的外延，并由此促进理解概念的内涵。

此外，具象经验能够提供很多理解抽象概念的抓手。当前网络上有许多数学、物理概念的视频和动画演示，如力的合成、力的相互作用、惯性、加速度与位移的关系、高空落物水平速度与垂直速度的关系，能量转化与守恒，等等。有一个视频给我留下很深的印象：一个自行车运动员在下坡时平直地趴在自行车上，其速度越来越快，超过了所有前面奋力蹬车的运动员，而且把他们远远抛在身后。这使我们能够特别具象地感受风阻有多大，进而理解速度越快风阻也越大，而且和速度的平方成正比。因此，各学科教师应充分关注多种多样承载具象经验的素材，在教学和日常生活中有意识地积累这些素材，用于调动学生的感性经验，在具象经验与抽象知识之间建立关联。后面有关教学方式的内容中，我们会分析"打比方、举例子、作比较"，这些做法为学生理解所学知识提供了具象经验，为优化学生对知识的理解奠定了基础。

● 知识溯源与关联

任何一个知识都有发生、发展的过程，也都与其他知识存在着关联，就像世界上每个人都有特定的成长历程，也都与诸多他人有多种多样的关联。很多时候，了解一个人的生活背景、成长历程、社会关系对认识这个人不仅是重要的，也是必要的。同样，要想让学生更好地理解知识，不能孤立地讲某个知识点，而要向学生呈现它的渊源及其与其他知识的关联，藉此让学生更好地理解知识。

某个知识能够生成和发展，说明它是有价值的，这种价值体现在两个方面——要么刻画、解释了对人类有重要意义的现象，要么解决了生产生活中的实际问题。基于此，向学生澄清知识的起源就非常有必要了，因为它凸显了知识应运而生的意味。因此，教师要向学生呈现所学知识最初生发的契机是什么，面对和解决了怎样的问题，或者其刻画、解释的现象在当时有怎样的意义。

同时，基于知识发生发展的渊源，我们能看到知识由浅入深、由粗及细、由片面到全面、由偶然到必然、由孤立到关联的发展过程。这显示了人们对知识的理解也是不断纠正错误、追求完善的过程。例如，亚里士多德认为重的物体会比轻的物体下落得快，伽利略基于非常精妙的推理论证了这个结论是错误的。因此，教师向学生呈现、讲解知识演变的过程很有意义，它展现了思维对知识进行加工的过程，其中的思维方法与技巧值得学习和关注。换言之，正是通过知识溯源，学生得以体会人们如何基于思维对世界形成更精确的认识，由此知识也成为有历史背景的生命体。

此外，很多知识的生成和发展有相当强的故事性，如浮力的计算、青霉素的发现、电子的发现，以及诗词与文章的创作，等等，这些故事、典故无疑会激发学生的兴趣和好奇心，有助于学生亲近所学内容、加深对知识的理解。

我们还应意识到，整个世界是一个整体，各学科中每个知识点都是这个整体的一部分，它们之间在多个层面、多个方向存在着多种形式的关联。这意味着不仅学科内的知识存在关联，学科间的知识也存在关联。这样的关联或是认知方式的相通，或是认识对象本质上的相同。教师在教授某个知识时应当"牵一发而动全身"，即基于知识关联的视角传授知识。所教授的目标知识与其他知识的每一次关联，都为学生提供了从不同角度对知识进行认知加工的机会，都从某个角度或某个层面揭示了知识的表现、内涵、本质，学生藉此能够对知识形成越来越丰富、深入的认识。本书第五章"通——通联知识与生活"对知识的关联进行了详细分析，读者可参考相关内容。

当知识被纵向溯源及横向关联时，知识被结构化了，诸多知识形成一个立体结构，每个知识是这个结构中的一个节点，它与上下左右诸多知识关联起来。基于此，学生在回忆和应用某个知识点时就有了由此及彼的抓手，知识之间形成照应，从而提升知识被提取、激活的可能性与效率。更重要的，基于这样的关联，学生学到的不仅仅是孤立的静态知识，还有知识之间的关联，包括知识发生发展的线索、知识的应用、对现实的抽象、知识之间的关系，等等，相较而言这些关联更重要，每一种关联都是对知识的一种认知加工方式，都表征了知识某方面的属性，这无疑有助于学生摆脱被动接受知识的状态，在对知识进行主动加工的基础上更好地理解知识。

2. 强化应用

我曾经在宾馆浴室的墙上看到"小心滑倒"被翻译成"Please carefully slide"，这可不是让客人小心，而是请客人"仔细地滑落"！在另一家宾馆，"地面湿滑，请小心"被翻译成"Please take care of the wet ground"，这个意思是"好好照顾湿润的大地"！看着这样的翻译真让人哭笑不得。我特意问了经理，这些都是刚毕业的大学生翻译的。真是可叹，学生学了那么多年英语有什么用？或者，在进行翻译实践时，为什么不能查阅资料、与他人讨论，或征求高水平译者的意见呢？

现在网络上流行一个称呼："小镇做题家"，指埋头苦读、擅长应试、依靠题海战术考进大学但能力一般的学生。他们最大的困境在于学了大量知识、做了大量练习却不能学以致用。各学科课程标准均提出要关注学生的实践能力，而学以致用是实践能力的核心。因为学生学习的大部分知识来源于现实生活，我们希望学生能够用所学知识解释生活现象，解决生活中的问题，使知识学习源于生活实践又走向生活实践。

提升学生学以致用的意识与能力，教师必须在这方面做表率，但现实是，很多教师在这方面的意识与能力不容乐观。我在物理教师培训班上问："宇航员及其所处飞行器如果在太空作椭圆运动，是否会完全失重？如果会，在什么样的运动状态下会完全失重，为什么？"我在化学教师的培训班上问："蛋白质变性后还是蛋白质吗？"对于这样的问题，很高比例的教师答错，或者完全没有解决问题的思路。甚至还有一个化学老师对我说："赵老师，这样的问题高考不考，不用管。"因此，教师在教学时必须有意识地强化知识的应用及其与现实的关联。教师在处理教学内容时，可从以下三个层面提升学生学以致用的能力。

● **封闭式应用**

我们来看下面两道试题。

试题1：医生告诉一对夫妇，由于他们具有相同的病态基因，如果他们生育一个孩子，这个孩子患遗传病的机会为1/4，这意味着（   ）。

A. 如果他们生育三个孩子，那么，三个孩子都不会得遗传病。

B. 如果他们的第一个孩子有遗传病，那么，后面的三个孩子将不会得遗传病。

C.如果前面的三个孩子都很健康，那么，第四个孩子肯定有遗传病。

D.如果他们的第一个孩子有遗传病，再生一个孩子还有可能得遗传病。

试题2：两个科学家想知道一种治疗高血压的药物是否肯定有效。第一位科学家把药给1000个高血压病人服用，然后观察有多少病人的血压有所下降；第二位科学家则将病人分成两组，第一组500个高血压病人服用，另一组500个病人则不服用，观察这两组病人中血压下降情况如何。请问，哪位科学家的方法更有效？

A.第一位　　　B.第二位　　　C.一样有效　　　D.无法判断

这两道题出得好，考察了学生的应用能力。之所以将其称为封闭式应用，是因为应用的知识是定向的，解决问题的路径是明确的，学生需要做的是"搜索"已有的知识来解决问题。对于封闭式应用来说，教师要抓住两个重点：一是明确要应用的知识，这往往是教学的目标，第一题中的教学目标是遗传概率，第二题的教学目标是科学方法，两道题的目标都非常清晰；二是要设计一个好的问题情境，促使学生"搜索"目标知识以应用于这个情境，这是学以致用的要义，即将所学知识用于解决（类）真实情境中的问题。对于封闭式的应用来说，问题情境是新的，但这个情境与学生学习时的情境又是相似的，这是一种较低水平的迁移，也是称其为封闭的原因。

● **半开放式应用**

有这样一个问题：有一台天平，其两臂长略有差异，其他均精确，还能测出物体的真实重量吗？

解题方法：假设物体的真实重量为 G，在两臂不等的天平两边各称一次，两次称出的重量分别为 a 和 b，天平两臂长分别为 L_1，L_2，根据杠杆平衡原理，可得到 $G \cdot L_1 = aL_2$，$G \cdot L_2 = bL_1$；$G^2 = ab$，$G = \sqrt{ab}$。

再看另一个物理问题：一个铸铁做的实心人像，成年人的大小，现在要把它搬走，估计一下它的重量。

A.300公斤　　　B.600公斤　　　C.1500公斤　　　D.2500公斤

解题方法：铁像和一个成年人的体积差不多，一个成年人的体重我们可以估计为70公斤左右。铁的密度是7.8×10^3千克/米^3，如果我们知道人的密度就可以解决这个问题了——用铁的密度除以人的密度再乘上人的体重。人的密度大概是多少？这是此题最关键的部分。许多学生判断人的密度比水略大，因为人体70%由水组成，其余部分是骨骼和肌肉，所以比水密度大。这种判断方法是错误的，因为人体内还有空气、脂肪等比水密度小的物质。正确的判断方法是看人在水里的状态，绝大部分人在水里都会浮着，但只能露出来很小的一部分如额头，这说明绝大多数人的总体密度比水略小，这样估计下来选B是对的。

这两道题是非常典型的"半开放性"问题，学生并不能通过搜索已有的知识直接解决问题。解决这类问题需要找到关键之处，类似几何题中做辅助线，一旦恰当的辅助线做出来，问题就迎刃而解了。第一题的关键在于"两边各称一次"，第二题的关键在于"估计人的密度"。这两道题所用的知识都不多，也不难，解决问题的过程涉及学生熟悉的若干知识，但只靠简单拼接知识是不够的，关键是找到解题的"肯綮"，这恰恰是半开放性题目的魅力，也是提高学生应用能力的好载体，因为生活中有大量与此相似的问题。

如何提高学生解决问题过程中找到关键点的能力呢？最重要的是熟能生巧。要找到解决问题的"巧劲儿"，熟练是必需的，这就需要一定量的练习。练习有两个价值，一是获得知识，二是习得方法。解决任何问题都需要知识，练习使得学生反复接触、回忆、理解知识，使得学生积累的知识数量和"活性"都得到提高，在遇到新问题时，这些知识储备可以被有效地激活、调用。需要注意的是，练习固然重要，但不能将练习等同于题海战术，教师要精选练习题，这些题目所蕴含的知识和方法要丰富，要典型。同时，教师在指导学生练习时还要注意及时总结，将解决问题所用的知识和方法进行概括、归类、对比，从而提高知识和方法的"活性"，当学生面临新情境时知识和方法更容易被激活和迁移。

● **开放式应用**

开放式应用是指问题的确定、方法的选择、问题解决的过程和结果等都具有高度开放性，如写作文，做社会调查并撰写调研报告，为农场设计一个促进生态平衡的养殖规划，设计一个化学与生物知识相结合的污水处理方案，为低年级学生做一个有关当地地质演变的报告，装饰学校的走廊，等等。学生解决这些问题需要整合多方面的知识，包括学科内知识的整合，甚至是跨学科知识的整合。这种层次的问题具有相当高的开放性，学生需要进行尝试和摸索，对于学生活学活用的能力有较高的要求。

开放式应用的关键特征是"真"——趋向真实的情境、真正的任务，这是使得知识应用变得开放的重要因素，因为在真实情境中完成真正的任务时，行动的目标和过程有不确定性，这源于行动过程中有诸多影响因素，其中很多因素还是未曾预料的，从而需要行动者判断、选择、取舍。因此，不确定性是"开放"的要义，也是开放式应用的特点与核心价值。

对于开放式应用，有一点需要强调，问题是开放的，但所用的知识和方法是有一定范围的，这个范围就是我们希望学生通过解决问题而学习、获得的知识和技能。这与科学家的工作是不同的，学生解决问题的本质目的是"学习"，而科学家的目的是"创造"。对学生而言，开放式应用趋向情境与任务的"真"，并不是说要将学生置于真实的工作场所，而是要提取真实情境、真正任务中与学生学习有密切关联的元素，创设一个有利于学生学以致用的环境。

此外，学生解决开放性问题时，教师不能放弃指导和引导，不能认为解决这类问题就是由着学生去做。开放性问题也许没有标准答案，没有固定的方法，但是应该有好坏的标准，即教师要研判学生用的知识是否恰当、充分，方法是否有效，问题解决的结果怎么样。只有这样，学生才能在解决问题的过程中真正学到东西、有所收获。本书第九章"动——活动与互动"中"任务驱动"部分对开放性任务进行了详细分析，读者可参考相关内容。

3. 鼓励批判性思维

批判性思维是近些年从西方舶来的术语，译自英文 critical thinking。概括地说，批判性思维是指对思维对象的真实性、精确性、性质与价值进行审视和判断，从而对做什么和相信什么作出合理决策。[1] 批判性思维是一种自然的思维形态，在中国古已有之，春秋战国时期的"百家争鸣"就是批判性思维的典型表现。批判性思维对学生而言其重要性是什么？我们来看一个教学案例[2]。

> 一位青年教师讲秦牧的散文《土地》，文中有这样两句话："骑思想的野马奔驰到很远的地方""收起缰绳，回到眼前灿烂的现实"。有个学生问："老师，既是野马，何来缰绳？"这一下使毫无思想准备的老师一时张口结舌，支吾半天。最后，显得非常不耐烦地说："你要是少钻些牛角尖儿，学习成绩还会好些吧！"老师的回答使这位学生非常难堪。

学生提的这个问题非常好！这表现了学生对某些内容不太理解，更表现了学生敢于对所学内容进行评价和反思。对于这个问题，我想比较好的回答是："这恰恰体现了思想的自由与现实的桎梏之间的矛盾。在思想上，一个人可以像野马那样无拘无束、自由驰骋；而现实就是要给这匹思想的野马套上缰绳！这既是作者对现实的感悟，也是对现实的批判。"面对学生的批判性思维，教师怎能忽视？又怎能感到不耐烦呢？教师因此丧失了一个良好的

---

① 刘儒德：《论批判性思维的意义和内涵》，《高等师范教育研究》2000 年第 1 期。
② 同上。

教学契机，多么令人遗憾。

批判性思维是一个有自尊心、有独立思考意识的人必须具备的思维形式，也是每一个人的权利。当前只要进入互联网，就会看到无数的议题和无数的讨论、争论，很多时候已不是正、反两方在争论，而是三方、多方观点的"混战"，这即是基于批判性思维的驱动。

批判性思维的特点表现在四个方面：开放多元、发展变化、相对性、条件化，这四个方面也是教师调动、引导学生运用批判性思维的切入点。

● **开放多元**

"横看成岭侧成峰"，我们可以也应当从不同的视角和层面审视认知对象，这意味着对同一事物的认识可能经历不同的思维过程，得到不同的结论。

在人文社科及艺术领域，所有涉及情感、审美、价值观的内容都有主观性，与个人的经验和生活背景密切相关，对很多事物的认识和判断都没有对错之分和所谓的正确答案，从而表现出标准多元、价值多元、形式多元的特点。2012年11月4日，北京遭遇暴雪，高速公路阻断，一些村民将一碗方便面卖到20元。而此前几天美国东部遭受了飓风"桑迪"的侵袭，大面积停电，一个市民在门口挂了一个牌子，上面写"我这里有电，您可以免费给手机充电"。高价卖方便面和免费充电的图片被放在一起贴在网上，引发了激烈的争论。很多网友都对北京附近村民的行为感到失望，指责他们"见利忘义""趁火打劫"。可是有一名网友对此进行了冷静的思考：泡一碗方便面需500毫升左右热水，一个5磅的大暖瓶只能泡5碗面，从昌平南口镇（村民居住地）到京藏高速，走路接近10公里，就算一碗面赚15块钱，在暴风雪天气里拎大暖瓶走十几里路只能挣75块钱！基于这样的分析，教师应鼓励学生进行开放多元的思考：卖方便面的村民为了谋生付出这样的辛苦，这和美国那个家庭为他人提供电力是否可以同日而语？此外，两种不同的现象，是否体现了"仓廪实而知礼节，衣食足而知荣辱"？是否和两个社会中的人的生活背景有关？另外，报道称很多货车司机被困，他们已经接近10

小时没有进食，这些村民如果担心背负"趁火打劫"的恶名不去售卖食物，司机怎么办呢？此外，我们是否还要思考政府的应急管理意识和能力是否到位的问题，避免类似现象发生的最有效的方法还是政府相关部门提高应急和救援能力。所有这些都体现了开放多元的批判性思维。

即使在不涉及价值观的领域，因为视角、着眼点不同，也会体现批判性思维的开放与多元。例如，有这样一个问题：一条裙子进价50元，售价70元，收了100元假钞，找零30元，商贩赔了多少钱？如果只考虑实际的钱财，则损失80（30+50）元；如果考虑商贩的劳动、房租成本及预计的利润，则损失了100（70+30）元；如果商贩预计20元利润虚高，比市场同商品平均价高10元，则考虑成本及合理利润后损失90（50+10+30）元。

需要指出的是，开放多元不是没有原则、没有方向。教学中对于某个议题，无论学生表达什么观点教师都接受，还认为这是鼓励学生探究的表现，这样的认识和做法是错误的。例如，在学习《滥竽充数》时，有的学生说："我觉得南郭先生其实也很聪明，他虽然不会吹竽，但吹竽的动作装得像模像样，这么长时间都没有被人发觉，不是很聪明吗？"教师应当对此进行引导而不是赞同，教师的引导及其与学生的互动也是批判性思维的体现，对学生来说恰恰是提供了榜样。

如何理解批判性思维有原则、有高下和优劣之分？

首先，一个社会的文化传统、价值取向、审美趣味有相对稳定性，并且成为思考认知的基本框架，在这个框架内，我们对一个事物进行不同角度和层面的认识与解读，这是批判性思维开放多元的表现。同时，有些认识与解读背离了基本传统与价值观，甚至善恶、美丑不分，对此不应附和而应纠偏。当然，传统中也会有陈规陋习、粗俗野蛮，对此当然要通过批判性思维予以澄清和批判。总的说来，要以真、善、美的追求作为批判性思维的基本指向和框架，以此驱动并规范批判性思维的内容与形式。

其次，对很多认识对象的分析思考没有对错之分，却有高下之别。包括表面与深刻、呆板与优美、简洁与芜杂、流畅与艰涩之区别。例如，对一个艺术品有不同的审美感受和评价，这是正常的，但如果两个评价，一个基于深厚的学养与丰富的审美经验，另一个出自主观和随意，我们有理由相信前一个评价更中肯、更深刻、更有启发性。例如，有学生在课堂上提出"愚公不应移山而应移民"，这是批判性思维的表现，但这样的思维需要提高和优化，教师需要帮助学生理解寓言背后的精神实质，理解社会与人生中总有一些困难和挑战是躲不开的，必须如愚公那样下定决心、排除万难、永不言弃。因此，教学中应鼓励学生表达自己的观点，同时教师也应以此为契机，提高学生的认识水平，引导学生形成更高级的思维方式。

● **发展变化**

"人不能两次踏进同一条河流"，世界上的事物总在发展变化，因此我们必须以动态的眼光认识和理解事物，这成为批判性思维的一个重要驱动。例如，从新中国成立到现在，中国社会在物质层面经历了匮乏、小康、全面小康等不同阶段，艰苦朴素一直是中华民族的优良传统，但在不同的物质发展阶段，艰苦朴素的内涵及意义都发生了变化。

发展变化塑造了由过去、现在、未来构成的时空场域，形成批判性思维的基础与驱动。教师在教学中可以引导学生设立时间标尺，以动态的、历史的视角审视所学知识。例如，教学中讨论环境污染问题，不能简单地对污染环境的产业进行批判，而要跳出静态思维的局限，以历史的、发展的眼光看问题。一个社会的产业不先进、科技不发达，往往就会以低效能、高污染的方式进行生产，硬性关停这些产业不现实也不可能，因为这会使很多人失业，丧失基本的生活来源。解决环境污染问题，只能依靠发展科技、产业升级，依靠政府坚定的决心和正确的决策，依靠雄厚的财力。事实证明，中国近年提出的"绿水青山就是金山银山"的理念，并且投入大量资金用于环境治理，正是建立在科技发展和产业升级的基础之上。

"发展中的问题要靠发展来解决"，教师在组织学生分析社会现象、讨论社会问题时，应意识到这是批判性思维的基本模式，要帮助学生熟悉、适应这样的思考方式。进而，教师要引导学生在面对与自然、社会、人类自我有关的现象时，摈弃刻舟求剑式的固化思维，引导学生以历史的、发展的眼光审视现在，反思过去，瞻望未来。

● **相对性**

"梅须逊雪三分白，雪却输梅一段香"，我们对事物进行描述和评价时，往往要先确定坐标和参照，这体现了相对性在思维中的重要性。例如，一个儿童担起 10 斤的重量，我们会称赞他很有力气，一个成年人担起同样的重量，却被认为很不够。再如，两个人都损失了 1 万元，由于家庭经济基础不同，一个可能认为是重大损失，另一个可能认为只是小损失。我们来看丰子恺说"比较"[1]。

> 有一次我同了一位朋友和他的孩子一同乘火车。朋友的孩子，今年照西洋说法十三岁半，其实这孩子并不比别的十一二岁的孩子高大，朋友就给他买半票。他携着这大孩子走出轧票处，轧票的看看这孩子，说："这孩子太大了！"但说过就算，我们也管自走了。到了火车中，孩子坐在他父亲身旁，我独自另坐一处。验票的验着半票，看看这孩子说："他下回要买全票啊！"查票人去后，我的朋友对我说，省得啰嗦，回去时给他买全票吧。
>
> 但回去时我们不知怎样一来，又给他买了半票，到了火车中方才想到。这回因为朋友手里提的东西太多，是我携着这孩子上车的。到了火车中，朋友因为要看守东西，独自坐在一处，他的孩子傍着我坐在另一处。回忆我携着他走出轧票处时，轧票的并没有说话。后来验票的来了，看看坐在我旁边的大孩子，也没有说话。下了车，又是我携着这孩子走，收票的就是前次说"这孩子太大了"的轧票人，看着我携着的大孩子，也没有说话。
>
> 难道他们和我特别要好，就"马马虎虎"不索补票吗？出车站后我找寻这理由，苦思不得。这孩子却找寻出了，他说是他爸爸身体短小而我身体高大的原故。不错！原来他的父亲身躯短小

---

[1] 丰子恺：《丰子恺散文精选·人间情味》，华中科技大学出版社 2018 年版，第 153–154 页。

精干，前回他和这矮小的父亲携着走，并着坐，相形之下，便见"孩子太大""下回要买全票啊"。这回他和我携着走，并着坐，我虽然并不魁梧奇伟，但是一个中等身材的人，穿的衣服又宽，看起来比他高大得多，相形之下，只见孩子很小，仅有买半票的资格了。

我确信了这理由之后，就像"回也闻一以知十"一般，推想到世间大小，高低，长短，厚薄，广狭，肥瘦，以至贫富，贵贱，苦乐，劳逸，美丑，贤愚，都不是绝对的，都是由"比较"而来的。

以两个身高不同的成年人为参照，人们对同一个孩子的身高有了不同的认识。再如，我们熟知的寓言故事"塞翁失马，安知非福"，同一件事情以不同的视角来看就会有不同的性质和意义。看来在生活中认识的相对性真是无处不在，我们经常会说"与××相比""相对于……""相较于……"，正是因为我们对事物进行描述或判断时要考虑相对性。

在教育教学中相对性也是无处不在的，很多知识的定义需要以其他知识为参照。例如，首先有"蓝"这个概念，我们才能定义"深蓝"；"加速度"的定义建立在"速度""变化""快慢"三个概念的基础上。"横看成岭侧成峰"，当我们基于相对性转换认知坐标时，会发现事物更多面向的特质，从而对事物形成更全面的认识。基于此，教师应帮助学生把握相对性以培养其批判性思维，有意识地寻找不同的坐标和参照对事物进行认识，包括"跳出来"建立超然的认知坐标，以改变"不识庐山真面目，只缘身在此山中"的状况。

需要指出的是，强调相对性对于批判性思维的意义，并不是否认认识中绝对性的存在，如经济增长指标中既有绝对的增长值，也有相对的增长率，这两个指标都值得我们关注。此外，相对性也不是没有原则、虚无主义，无视是非与黑白，例如，一个男性对妻子家暴，无论如何这都是绝对错误的，不能以"站在他的角度……"为其开脱；几十年前日本对中国发动侵略战争，不能以"从某个角度看……"搞历史虚无主义，模糊其侵略的性质。

- 条件化

"寻常一样窗前月，才有梅花便不同"，在不同的条件下，我们对同一个事物的认识有所不同，这是批判性思维的另一个重要特点。我们在生活和学习中经常会说"鉴于……""如果……""考虑到……""在……情况下"，即说明我们在认识事物或做出判断时要考虑相应的情境和条件。

以文科而言，各种人文社会现象的状况都受特定条件的影响，或与某种（些）条件存在因果关系。例如，"仓廪实而知礼节"是对社会现象的判断，其中"仓廪实"就是"知礼节"的条件，这个判断的本质是说明经济基础与上层建筑的关系。不孤立地面对和分析"知礼节"，而是整合、关联重要的相关因素，这就是批判性思维的体现。而基于更深入的批判性思维，我们可能要（再）确认、（再）审视、（再）反思、（再）评价：为什么"仓廪实"会导致"知礼节"？"仓廪实"就一定"知礼节"吗，"仓廪实"是"知礼节"的充分条件、必要条件还是充要条件？"仓廪"要"实"到怎样的程度才能促成"知礼节"？进而考虑更多的相关因素，我们可以追问：在所有的社会形态中"仓廪实而知礼节"都是成立的吗？就像前面分析的，当我们尝试提出、解决上述问题时，我们对社会现象的认识就会变得更精确、更丰富、更细密、更全面、更平衡，这无疑体现出批判性思维的价值与优势。

就理科教学而言，基于特定条件对事物进行描述和判断同样是极为普遍的。例如，地理教学中，对任何一个地理现象的认识和评价都要观照其所处的环境条件。数学教学中，任何一个概念、定义、定理的界定都有前提，实施推理和构建模型时，要澄清各种假设性和限制性条件，而这往往以"如果……则……""因为……所以……"等形式表现出来。化学教学中，几乎所有的化学反应和化学现象都需要关注其条件与环境，有时探究条件与环境的影响还成为化学学习的关键。物理教学中，宏观世界的物质运动规律在微观世界中不再适用，我们在刻画许多物理现象时都会设定条件，如"不计摩擦力""忽略空气阻力"，在一定条件下——摆角小于5°——单摆运动可等效于简谐振动并据此计算其运动周期，等等。

总之，世界上没有任何一种理论放之四海皆准，没有任何一种认识永远正确，也没有任何一个方法适用于解决所有问题，就是因为所有的认识和判断往往都基于某种特定的条件。我们在教学时要注意避免简单化和"一刀切"，教师要为学生提供丰富的与学习内容相关的资料，引导学生理解任何一种表达都有具体的语境，任何一个判断和评价都基于一定的条件。

　　基于上面的分析，我们会发现当批判性思维介入教学后，思维变得复杂了，思维的不确定性增强了，所谓绝对正确的答案甚至不存在了，而这恰恰显示了批判性思维的价值与必要性。美国加州大学"批判性思维与道德性批评研究中心"主任保尔说："教师和学生没有学会推理的技术，他们往往成为贫困的问题解决者。教师分不清记忆他人结论的学生和凭借自己的思考作出结论的学生之间的巨大差异。"[1]因此，批判性思维是区分容器式的、被动接受知识的学生和具有独立思考与反思能力学生的重要标准，是教育教学中必须着力保护和培养的高级思维能力。

　　当前，很多教师将批判性思维简单理解为"把问题抛给学生，让学生去讨论和争论"，这样的想法和做法是有问题的——"土豆炖土豆还是土豆"。批判性思维必须以一般性思维能力（如比较、分类、分析、综合、抽象和概括等）为基础，同时还要具有一些特定的批判性思维技能。这些技能可以概括为下列八种：

　　　　– 确认议题和核心观点；

　　　　– 判断证据的可靠性；

　　　　– 判断推理的质量；

　　　　– 察觉未说明的立场、意图、假设以及观点；

　　　　– 从多个角度、结合多方面知识考察论证的合理性；

　　　　– 在更大的背景中检验论证的适用性；

　　　　– 评定事物的价值和意义；

　　　　– 预测可能的后果。

---

① 钟启泉：《"批判性思维"及其教学》，《全球教育展望》2002年第1期。

概括地说，批判性思维就像评论家和法官那样进行审、查、判、断。[①]
因此，教师在教学中，一方面要鼓励学生的批判精神，另一方面要优化学生
的基本思维方法，培养学生大胆质疑、严谨求证的理性精神和科学方法。

4. 培养创造性思维

中小学生在学校里学习前人发现、积累的知识，需要创造性吗？答案是
肯定的！以作文为例，为什么同一个主题不同的学生写出来深刻程度、精彩
程度不一样？这是因为作文是一种较为典型的创造活动，本质上是对学生创
作能力的考验，作文的评价标准"有新意"就是对创造性的要求。

创造性思维是相对常规思维而言的，指针对当前问题，突破原有的思维
范式，重新组织知识、经验、信息等要素，提出新的方案或程序并创造出新
的思维成果的思维方式。

每一个人都有创造性。一个车友发帖，题目是"小迈变身油老虎，让我
如何老虎油"。小迈是大众的一款轿车"迈腾"的别称，老虎油是英文"love
you"的中文谐音，这么简单的一句话，非常有趣味，新颖别致，让人印象
深刻——这就是创造性。

在基础教育阶段，学生的创造性与科学家的创造性有相似之处，也有不
同之处。相似之处在于，二者往往都包括新方法、新思路，形成新成果；不
同之处在于，科学家的创造需要高度专业化的知识，并且遵循规范、严格的
程序，学生学习了新东西、解决了新问题，就是创造性的表现，强调的是学
习中的新发现与新表达。

创造性思维的两个核心是想象和直觉。

● 想象

学生做死题、死做题，追求标准答案，思维过程和结果固化，这些对学

---

① 刘儒德：《论批判性思维的意义和内涵》，《高等师范教育研究》2000 年第 1 期。

生最大的负面影响是扼杀了其想象力与创造性。

想象可以理解为"以具体形象为素材进行构想",是个体在头脑里对已有的知识、经验进行加工改造,形成新的认识成果的心理过程。这个定义中的一个关键是"新","新"即是创新性、创造性,它能突破时间和空间的束缚,达到"思接千载""神通万里"的境界。人类社会的发展日新月异,驱动创造性的想象力功不可没。对个体而言,学生将来走入社会,应对工作的挑战需要想象力,让自己的生活变得丰富且有意义也需要想象力。

想象力是与生俱来的,如果教学没有发展学生的想象力,甚至扼杀了学生的想象力就太可惜了。下面是一个小女孩在 3 岁时"创作"的小品文(妈妈为孩子记录)[①]:

花儿为什么会开?

从前有一个小朋友,

看见路上有很多花。

小朋友问:花儿为什么会开呢?

花儿说:因为人们要看呐!

滑稽的故事

从前有一个巨人,他的手非常大,比房子还大。

可是他的手帕很小,比我的手还小。

这个巨人用这么小的小手帕擤鼻涕,你说滑稽不滑稽?

小女孩的思维借着想象,创造出了如此新颖、有趣、富有童真的文字。作为教育工作者,我们必须思考,我们的教育是否发挥、培养了孩子们的想象力?

想象对于文学、艺术的必要性不言自明,所有的文学和艺术形象都是想

---

① 萧愚:《教育孩子需要大智慧》,中国电影出版社 2004 年版,第 181–182 页。

象的结果，以舒婷的成名作——《致橡树》的创作过程为例①：1977 年 3 月，她和蔡其矫先生在鼓浪屿散步。蔡先生感叹他邂逅过的美女多数头脑简单，而才女往往长得不尽如人意，纵然有那既美丽又聪明的女性，必定是泼辣精明的女强人，让人望而生畏。舒婷与其争执不休，天下男人都要求女人外貌、智慧和性格的完美，以为自己有取舍受用的权利，其实女人也有自己的选择标准。当天夜里她一口气写完《致橡树》。以下是该作品的部分内容：

> 我如果爱你——绝不像攀援的凌霄花，借你的高枝炫耀自己；
> 我如果爱你——绝不学痴情的鸟儿，为绿荫重复单调的歌曲；
> 也不止像泉源，常年送来清凉的慰藉；
> 也不止像险峰，增加你的高度，衬托你的威仪……
> 我必须是你近旁的一株木棉，
> 作为树的形象和你站在一起……
> 你有你的铜枝铁干，像刀，像剑，也像戟；
> 我有我红硕的花朵，像沉重的叹息，又像英勇的火炬。
> 我们分担寒潮、风雷、霹雳；
> 我们共享雾霭、流岚、虹霓。
> 仿佛永远分离，却又终身相依。

　　这是一个典型的例子，作者通过丰富、动人的想象，创造性地塑造了橡树和木棉的形象，完美、深刻地表达了写作意图——在爱情中女性不是男性的附庸，爱情需要以人格平等、个性独立、互相尊重、相互倾慕、彼此情投意合为基础。正是基于独特的想象，使得这个作品无论在内容还是形式上都实现了创新。文学家、艺术家的想象力直接决定了文学、艺术形象的创新性，以及对认识对象的刻画是否准确、深刻、动人。对学生来说，理解文学、艺术作品也需要想象力，以便能够与作者的想象同频共振。

　　理科的教与学同样需要想象力。基于想象，知识被创造性地处理与呈

---

① 见舒婷散文集《真水无香》中对《致橡树》创作过程的回忆。

现，有助于学生对知识形成更深刻的理解。例如，$1+\dfrac{1}{2}+\dfrac{1}{4}+\dfrac{1}{8}+\cdots\cdots+\dfrac{1}{2^n}$ 这样无限个数值求和的结果会是一个固定值，还是一个无穷大的值？有些人觉得结果是一个无穷大的值，很多人凭直觉认为结果不会是无穷大，但肯定不是一个固定值，他们的理由是：虽然累加的值越来越小，但累加会一直进行下去，因此结果不可能是一个固定值。我们当然可以用等比数列求和公式来进行推导，但一方面可能很多人因知识基础不足不能理解，另一方面可能还是无法解除内心的疑惑：无限多的值相加，结果怎么可能是一个固定值呢？

我们可以想象一下：一个圆是不是可以切成无数多个扇形？或者一个正方形是不是可以切成无数多个小正方形？你一定会毫不犹豫地回答"是的"，此时我们再问：这无数的扇形或小正方形拼起来——它们的面积加起来——不就是一个固定的圆或正方形的面积吗？至此，即使很多人仍无法理解数学推理的结论，但这样的想象有力地促进了人们理解无限和有限的关系，更为进一步理解数学中的极限、积分等奠定了基础。更重要的，从思维的角度看，这样的想象其本质是对知识创造性的加工与呈现。

很多时候教学效率低，学生听不懂、不感兴趣，一个重要的原因是教师未能对知识进行优质加工，学生接受起来很困难，就像粗制滥造的食物难以下咽。为了改变这一状况，教师应对知识进行富有想象力的理解，而这也为学生提供了榜样，鼓励他们更主动地发挥想象的作用，最终促进创造性思维的发展。

● 直觉

心理学家把意想不到的顿悟或理解叫直觉，这是人们的一种普遍的思维现象，属于创造性思维的范畴，它可以产生和形成于任何科学、艺术、技术等方面的思想和构思之中。直觉有以下特征：

- 直接的、初级的、基于感官的认知；
- 以具体形象为基本思维素材；

–　往往伴随猜想；

–　开放性。

许多著名科学家都对直觉的作用给予了高度评价。爱因斯坦说："思维中真正可贵的因素是直觉。"德国物理学家玻恩认为："实验物理的全部伟大发现都是来源于一些人的直觉。"法国物理学家德布罗意指出："想象力和直觉都是智慧本质上所固有的能力，它们在科学的创造中起过，而且经常起着重要的作用。"[①]

直觉、猜想不仅对文学、艺术类课程很重要，对数学、物理、化学、生物等课程来说同样非常重要。下面我们来看一个基于直觉解决物理问题的例子。

一人站在地面推铅球，铅球出手时的角度为多大，铅球推得最远？（不计空气阻力）

A. 等于 45°　　　B. 略大于 45°　　　C. 略小于 45°

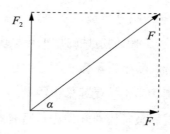

您是否选 A，认为 45° 最合适？事实上正确答案是 C。

我们可以通过数学建模经过复杂计算得到问题的答案[②]，也可以采用直觉和猜想解决问题：铅球出手的角度取决于刚（要）脱手的瞬间推力的方向。此推力 F 朝向斜上方，可以根据平行四边形法则分解为水平的 F_1 和垂直的 F_2。在 F 大小一定的情况下，F_1 和 F_2 的大小取决于出手角度即 α 的大小，

①　关于直觉的论述转引自张浩：《直觉、灵感或顿悟与创造性思维》，《重庆社会科学》2010 年第 5 期。

②　参见崔国生等：《投掷铅球的数学模型》，《辽宁体育科技》1999 年第 1 期；刘新光等：《铅球运动的出手角度对运动成绩的影响》，《安徽师范大学学报（自然科学版）》2008 年第 2 期。

二者是此消彼长的关系，α 变大，F_2 会随之变大，F_1 则相应减小，反之，α 变小，F_2 会随之减小，F_1 则相应变大。

F_1 和 F_2 分别起到了什么作用呢？F_1 提供了铅球水平运动的能量，"负责"让铅球飞得远；而 F_2 提供了铅球向上运动的能量，"负责"让铅球飞得高，而这决定了飞行时间——推得越高，落地时间越长。想象一下，F_1 和 F_2 为了获得更多资源争执起来。

F_1：角度要小，我的力量大一些，能让铅球往前跑得远！

F_2：角度要大，我的力量大一些，能让铅球飞行时间长！

F_1：好好好，全给你，90°，没有我，你飞得再高，不还要落回原地？（极限思维，设想）

F_2：罢罢罢，全给你，0°，没有我，你贴着地溜吧，溜冰壶呐！（极限思维，设想）

F_1 和 F_2 此时明白，它们两个得合作！

它们互相看了一眼，同时说："要么，45°，咱俩一人一半？"（直觉和猜想）对！45°，既保证飞行时间，又保证往前的能量！

可是，选择 45° 是错的啊！因为有一个条件被忽视了：一个人站着扔铅球，铅球出手时离地面有一定的高度。就是这个高度，使得答案不是 45°。因为与从地面出发相比，这个高度提供了"额外"的飞行时间，这意味着 F 可以少分一些力给 F_2，把更多的力分给 F_1，即 α 应比 45° 略小一些。可以想象，出手时铅球离地面高度越高，出手的角度应越小，这样就可以在水平方向提供更多的能量，使球被推得更远。

这样的思考方式可能会让很多人觉得惊讶甚至难以置信——除了严密的数理逻辑，还能用这样的想象解决一个物理问题？事实上，这样的思考从某个角度深刻反映了若干事物之间的关系，是一种优美而又有哲学味的思考方式。本书第一章中解决"周长相同时哪种形状的面积最大"的问题，属于小学数学中常出现的"找规律"的题目，其中的关键思维就是直觉与猜想，数学、物理、化学中的"直观解题"也是典型例证。

需要指出的是，想象不是胡思乱想，直觉也不是故弄玄虚，想象与直觉需要逻辑约束。对于强调想象、以形象思维为核心的文学和艺术而言，其思维同样需要逻辑的约束。[1]而理科课程中的认识和思考，更需要逻辑的加持。彭加勒指出："逻辑和直觉各有其必要的作用。两者缺一不可，唯有逻辑能给我们以可靠性，它是证明的工具；而直觉则是发明的工具。"[2]以上述"推铅球"题目为例，整个想象的过程有若干步骤，蕴含对多个物理量之间逻辑关系的理解，需要凭借合情推理才能够得到结论。换言之，想象与直觉不是没有逻辑，而是有自己特定的逻辑形式。需要指出的是，通过想象与直觉，我们可以对事物的总体状况和趋势做出判断，但如果要精确判断——如铅球出手角度与飞行距离的关系——还需要高度形式化、逻辑化的数学推演。

此外，想象、直觉与知识和经验密切相关，它们必须以已有的知识和经验为基础，正如杜甫所言"读书破万卷，下笔如有神"，以及清人袁守定所言"得之在俄顷，积之在平日"，高品质的想象与直觉往往能带来个性化的、创新性的突破，但它的实现一定依赖于总体知识积累的状况和水平，即所谓的厚积薄发。因此，教师要了解学生的知识与经验基础，为基于想象与直觉的思考铺垫足够的素材，避免想象与直觉成为无源之水。

回到本章开头历史学习的案例，学生说自己对所学知识进行了"深加工"，这个说法好！优化理解、强化应用、进行批判性思维和创造性思维就是在对知识进行"深加工"，是促进学生高品质思维能力养成必要且有效的手段。教师在备课时，要将培养学生高品质思维能力作为重要的教学目标，在教学内容、问题情境、辅助素材等方面统筹考虑，给学生机会进行多重、多向的思考，基于这样的思考对知识进行"深加工"。

---

[1] 参见李泽厚：《试论形象思维》，上海师范学院中文系文艺理论教研室编：《文学理论争鸣辑要（上）》，上海文艺出版社 1983 年版，第 333–364 页。
[2] ［法］昂利·彭加勒：《科学的价值》，李醒民译，商务印书馆 2017 年版，第 20 页。

第三章　实——夯实学科基本功

　　第一、二章强调"双高"——高层次学科素养和高品质思维能力，它们像是一朵芬芳而又美丽的花，让人沉醉、令人向往。但是，这朵花需要生长在健康的枝干上，而这枝干要扎根于肥沃的土壤中。这就像一个优秀的京剧演员给大家带来极高的艺术享受，依赖于他们扎实的唱、念、做、打等基本功，正可谓"台上一分钟，台下十年功"。同样，在教学中绝不可忽视让学生获得扎扎实实的知识和技能，基础教育要给学生的人生打好基础，第一、二章的"双高"如果是"仰望星空"，日常的教学就要"脚踏实地"，把学科基本功打牢、打实。

　　教师可通过明确教学目标、丰富知识储备、落实学科方法、聚焦重点与难点等四个方面在教学中帮助学生夯实学科基本功。

1. 明确教学目标

　　做任何事情都要有明确的目标，教学更是如此。备课时明确教学目标非常重要，它是确定教学内容的前提。总的说来，设定教学目标既要考虑我们想要、应该教给学生什么，也要考虑学生能够学到什么。因此，我们要从学科要求和学生实际情况两个方向确定教学目标，前者体现了目标导向，后者则体现了以学定教。

（1）目标导向

　　教学一定要有明确的目标，教师在备课时所有教学内容的组织都应该朝向教学目标。我曾在培训时看到教师出的一道小学数学题：

　　　　鲸的种类很多，全世界约有80种，我国约有30种，占全世界种类的$\dfrac{(\ )}{(\ )}$。

此题答案是$\dfrac{3}{8}$。我问数学老师："学生填$\dfrac{30}{80}$可以吗？"有几个老师说可以。确实，$\dfrac{30}{80}$虽然没有约分，但和$\dfrac{3}{8}$等值。可是我认为，答案如果是$\dfrac{30}{80}$起码不能给满分。因为$\dfrac{3}{8}$和$\dfrac{30}{80}$虽然在数值上相等，但二者的数学意义尤其是心理意义是不同的。数学是对现实世界的抽象，任何一种数学形式都有特定的生活原型，都蕴含这种形式之所以被抽象的个体心理需求或社会需求。分数这种数学形式之所以存在的一个重要原因是人们要表达"部分与整体的关系"，这也是分数的一个重要价值。

设想一个场景：俏俏拿走了堂堂40块糖中的20块，堂堂为此哭了。注意，此时给孩子带来"心理冲击"的不是"被拿走了$\dfrac{20}{40}$的糖"，而是拿走了"总体的一半"！他会说："俏俏把我的糖拿走了一半！"20这个数字重要，但对堂堂来说，这个数字占总体的比例更重要，$\dfrac{1}{2}$或"一半"更能表达这一现实对孩子的心理意义。进而，$\dfrac{20}{40}$还等于0.5，但堂堂绝不会哭着说："俏俏拿走了我0.5的糖。"0.5和$\dfrac{1}{2}$的数值虽然一样，但二者的数学意义、心理意义是有差异的。

回到上面的数学题，这道题是让学生理解"比例"，理解"部分和整体的关系"。因此，$\dfrac{3}{8}$和$\dfrac{30}{80}$在这道题里不一样，约分在这里不只是一个计算步骤，而是体现了学生能否理解"比例"的数学意义。当然，对这道题来说，如果学生学了百分比，用百分比表达更合适。由此例可见，澄清教学的目标非常重要，直接决定了我们想让学生学到什么，学习的内容是否有价值，以及我们该如何判断学生的学习是否达到了预期目标。

基于此案例我们应认识到，具体的教学内容是载体，教师必须明确教学内容所承载的教学目标，后者与各学科要培养的学生素养密切相关。教学目标设计应遵循以下原则：

– 价值锚定。教学目标要指向学生素养提高与人生发展，指向学生应掌握的知识技能、过程方法、情感态度与价值观。

– 清晰明确。教学目标只有清晰明确才能为教学内容的确定提供坚实的基础。

– 难度适宜。教学目标对学生应有挑战性，不能太容易也不能太难，要让学生"跳一跳摘桃子"。

– 长短结合。教学有长远目标，也有近期目标，长远目标的实现往往以一个个短期目标的实现为基础，教师要为每节课、每个单元设置非常明确的短期目标，同时又要在设置短期目标时观照长远目标，为长远目标的实现创造条件。

课程标准是设定教学目标最重要的依据。课程标准中有"课程目标"部分，包括"分类目标"或"具体目标"；课程标准中的"内容标准"则是对课程总目标进行了具体化的教学目标。教师应当仔细审读这些内容，将课程标准对教学的要求落实到每节课、每个单元的教学目标中。

有研究者指出，课程标准中的教学目标多表述为动宾形式，也就是动词加名词的形式，如"阅读优秀作品，品味语言，感受其思绪、艺术魅力，发展想象力和审美力""知道化学是在分子层次上认识物质和合成物质的一门科学；了解物质的组成、结构和性质的关系；认识化学变化的本质"。此外，课程标准中还有两种表述：一是动词加名词，同时，作为宾语的名词前有"学生"二字作定语，如"提高学生的科学探究能力""培养学生合作精神"。二是动词加名词性词组（有完整的主谓宾结构），如"帮助学生理解人与自然的相互作用""引导学生认识化学对促进社会进步和提高人类生活质量的重要影响"。严格说来，上述动词加名词的形式提示了学生应做什么，并没有直接、明确指出学生应有怎样的表现或达到怎样的标准。[①]

该研究者总结了教师在制定教学目标时普遍存在的四个问题：主体错位、层次不当、要求模糊、内容割裂。

– 主体错位即是上面所分析的，有关教学目标的陈述说明了教师要做什么，而不是学生经过学习应掌握的知识技能、过程方法、情感态度与价值观。

– 层次不当指以课程总目标或单元目标代替课堂教学目标，如"形成分析和解决问题的能力，尤其是发散思维能力""养成严谨的科学态度，共同协作的团队精神"，这样的目标太宏大、太抽象，无助于确定一节课的教学内容。

– 要求模糊指教学目标不能与具体的学习行为对应起来，也难以观测和评价。如很多教学目标要求学生"理解××"，什么是"理解"？学生有怎样的表现才显示其理解了教学内容？因此，这样的要求就是模糊的。相对而言，诸如"选择、确认、解释、说出、找出、复述、应用"等要求更为具体和清晰。

– 内容割裂指制定教学目标时忽视了知识技能、过程方法、情感态度价值观之间的关联与整合，甚至在这三个方面形成人为的割裂。在很多教师的教案中，教学目标部分都会有意识地分别列出知识技能、过程方法、情感态度价值观目标，并且与特定的教学活动关联起来，给人感觉某种教学活动就只能达到某个特定的目标。三维目标是一个不可分割的有机整体，教师应有意识地促进这三方面的融合与协调。事实上，在很多教学活动中，尤其是面对生活实践中真实的现象、真正的任务时，三维目标必然会在整体上得到体现。因此，在提倡任务驱动教学的背景下（参见本书第九章），如果教师割裂了三维目标，恰恰会在教学中忽视多元目标及目标之间的关联。

---

① 王允庆等：《课堂教学目标研究》，人民教育出版社 2015 年版，第 58–65，82–106 页。

（2）以学定教

观照学生的个体差异，这是教师在设定教学目标时必须考虑的重要因素。学生不是流水线上等待被统一加工的零件，他们有不同的学习基础、学习能力、学习兴趣，为此教师应以学定教，即根据学生的具体状况设定教学目标。下面以一个语文教学片段说明教学中的以学定教。

我曾经给小学五年级的学生上绘本阅读课，授课内容是《爱心树》，译自天才的绘本艺术家谢尔·希尔弗斯坦的 *The Giving Tree*，英文题目的原意是"一直给予的树"。故事梗概如下——

有一棵大树很喜欢一个男孩。男孩每天会跑到树下，收集她的叶子，在树枝上荡秋千，吃树上的苹果，同大树捉迷藏。累了的时候，就在树荫里睡觉。

小男孩很爱这棵树，大树很快乐。

孩子逐渐长大，不常来找大树了，大树常常感到孤独。

有一天孩子来看大树，大树说："来吧，孩子，在树枝上荡秋千，吃几个苹果，再到阴凉里玩一会儿。""我已经大了，不爱爬树玩儿了。"孩子说，"我想买些好玩儿的东西，你能给我一点儿钱吗？""很抱歉，"大树说，"我没有钱，我只有树叶和苹果。把我的苹果拿到城里卖掉吧。"于是孩子爬上大树，摘下树上的苹果。大树很快乐。

很久很久，孩子没有再来看望大树，大树很难过。

有一天孩子又来了。大树高兴地摇晃着肢体，对孩子说："来吧，孩子，爬到我的树干上，在树枝上荡秋千！""我有很多事要做，没有时间爬树了。"孩子说，"我要娶个妻子，还要生好多孩子，你能给我一幢房子吗？"大树说："你可以把我的树枝砍下来，拿去盖房。"于是那个男孩把大树的树枝都砍下来，盖了一幢房子。大树很快乐。

孩子又有很长时间没有来看望大树了。

当他终于又回来的时候，大树非常高兴，高兴得几乎说不出话来。"来吧，孩子，"它声音喑哑地说，"来这里玩吧！""我年纪已经大了，心情也不好。"孩子说，"我要离开这个地方。你能给我一条船吗？""把我的树干砍断，用它做船吧。"于是孩子把树干砍断，做了一条船驶走了。大树很快乐，但是心坎里却有些……

又过了很久，孩子又来了。"非常抱歉，孩子，"大树说，"我没有什么可以给你的了，真是抱歉。"大树叹了口气，"我希望还能给你点儿什么东西……但是我什么都没有了。我现在只是个老树墩，真是抱歉……"孩子说："我只想找个安静的地方坐坐，我太累了。""那好吧。"大树说，它尽量把身子挺高，"你看，我这个老树墩，正好叫你坐在上面休息。"于是孩子坐下了。大树很快乐。

我看了大量教案及教学视频，绝大部分教师用这篇文章对学生进行感恩教育，几乎都会让学生说出父母对自己全心全意付出而不要回报的例子。学生说得情真意切、感动连连之际，教师让他们反思："有时我们是否像那个孩子只是索取而不懂回报？"在学生陷入自责后，老师顺势问："我们要怎么办？"学生齐刷刷地回答："要感恩父母、回报父母！"老师接着问："怎么感恩和回报？""帮父母做家务""听父母的话""将来挣钱孝顺父母"……当然，回答最多的还是"好好学习，考上大学！"

这样的语文教学真让人无奈！如果教学目标就是让学生懂得感恩和回报的话，这样的语文课和思品课有什么区别？如果学习《爱心树》的目标就是懂得感恩和孝顺父母的话，这个绘本根本不值得也不可能成为被全世界认可的经典。

文章的关键是作者描写大树一次次付出后的一句话——"大树很快乐"。只是在奉献了树干之后，多了一句没说完的话："但是心坎里却有些……"这篇文章有象征和寓言性质，它刻画了人类的一种生命状态，显现了世界上一些人的宿命——注定要为某些人或某些事而终其一生、倾其所有地付出。这样的付出对我们意味着什么，我们又该如何面对这样的付出及付出的对象呢？

设定教学目标时，不能让五年级学生直接面对这么抽象的、富有哲学意味的人生命题，要考虑他们的人生经验与认知水平而以学定教。因此，我把教学目标确定为：一，知道生活中有很多人为了某个事物而像苹果树那样倾其所有、终其一生地付出。二，认可像苹果树那样付出很多时候是必需的，也是幸运的。

基于这样的教学目标，我提出引导学生思考的问题：

– 苹果树的付出是痛苦的还是快乐的——学生会从文本中看到苹果树每次付出都是快乐的——看似从来没有回报的付出为什么是快乐的？

– 苹果树把自己的树干也奉献出来后，作者说"他很快乐，但是心坎里却有些……"大树有什么难言之隐？

– 苹果树的付出得到孩子的回报了吗？他希望得到孩子的回报吗？如果希望的话，是什么样的回报？

– 你现在或将来会愿意为什么人或事，像苹果树这样付出吗？如果会，这是什么样的人和事？你的付出会是快乐的吗？会不会也有难言之隐？

我的教学围绕这些问题层层推进，除了让学生描述父母为他们的付出，我还给学生看了两段视频。一个是北京 80 多岁的丁奶奶，收留了上百只流浪猫，把黄金地段的几间房都用来养猫。她只身照顾这些流浪猫，花光自己全部的退休工资和积蓄，早上 4 点多就要起来忙活，还要给猫看病吃药……丁奶奶对记者说出她的忧虑："不知自己离开这个世界后，这些猫该怎么办。"另一个视频是有关成都温江农民老周造飞机的故事。老周从小就对飞机非常着迷，一直以来的梦想就是造一架能飞上天的飞机。为了造飞机，老周生意不做了，并且花光了自己做生意攒下来的十几万元。夜以继日、呕心沥血，飞机总算飞上了天。老周说："不知飞了多少次，也不知摔了多少次！"有一次发生严重事故，飞机重重地砸在地上摔烂了，老周也受伤住院。记者采访老周时问他"康复后想干什么"，老周毫不犹豫地说："把飞机修好，再次飞上蓝天！"

学生们看着这些视频，或微笑、或沉思、或感慨、或议论。基于这些案例，围绕上述问题，学生明白了一个道理：世上有一些人或一些事，注定值得我们为其付出所有。我们的生命中能有这样的付出对象是幸运的，这样的付出昭示了一种人生意义。换言之，人一生中为什么付出、怎样付出定义了其人生价值，显示了其是一个怎样的人。基于此，我给学生们送上寄语和祝福："同学们，希望你们在未来的人生中，也能找到一个人、一件事，值得你为 TA 无怨无悔地付出，也能体会到大树每次付出之后的快乐。"此时我看到孩子们眼里有光、有感动、有遐想。

进而，我让学生体会大树付出的必然性与不可脱却。我问学生："大树似乎从没得到过孩子的回报，为什么还要一直倾其所有地付出？"这个问题学生回答起来显然比较困难。结合他们的生活经验及上面的例子，我又问他们："为什么爸爸妈妈能够像大树一样一直为我们付出？""为什么丁奶奶不能割舍那些流浪猫？""为什么老周不能放弃造飞机？"。这些具体的问题孩子能回答："大树们"这样付出是因为爱、怜悯和梦想。这些问题指向《爱心树》蕴含的非常深刻和动人的主题：因为爱、怜悯和梦想，人生中的某些付出与奉献是不可脱却的，是宿命。基于以学定教，我没有让学生表达这么抽象与深刻的概念，而是让他们在经验层面体验这个深刻的主题。

这堂课的最后，我让学生面对更困难的问题："作者写大树的一次付出之后'心坎里却有些……'大树心里说不出的话是什么？是迷茫、难过，还是……""大树真的不要任何回报吗？其难言之隐中是否有某种失落和遗憾？"对五年级学生来说，这些问题超出了他们的经验和认知水平，我没有让他们回答这些问题，而是把这个问题作为种子埋在他们心里，也许在他们未来人生中的某一天，这颗种子会发芽，让他们想起大树曾经的叹息和难言之隐，藉此观照和反思自己的人生。这再次显示以学定教的理念，而且表现了文学文本解读的开放性——富有高级美感的文本一定有无穷的可以不断深入体会的意涵。

基于以学定教的理念，如果面对高中生就可以和他们探讨：大树的做法——永远坚持、一定做到——多多少少体现了中国佛道思想所说的"我执""执念"，这被认为是人生被禁锢、不自由、感到痛苦的一个重要原因。

教师可以问学生："大树的做法是'我执''执念'吗？这是否带来人生的痛苦和不自由？我们应该'去我执'吗？"此外，从审美视角，这篇文章有一种悲伤的气息，这种悲伤从何而来，为何如此动人？悟性好、能力强的学生应能感受：世事无常，一定要得到的东西往往会失去，拼命要抓住的东西注定留不住——大树想要留住和孩子在一起的快乐时光，想要一直保有孩子的童真，可是孩子注定一天天长大，注定要远离大树。这正如白居易《真娘墓》诗言："脂肤荑手不牢固，世间尤物难留连。难留连，易销歇。塞北花，江南雪。"多么奇妙！20世纪60年代的美国人的绘本，和千年前的中国文学及哲学产生了关联与映照，这即是一个文本何以成为经典最重要的原因——它刻画与揭示了人们永远关注的人生命题及其真相。

总之，以学定教意味着教师要根据学生的认知能力与人生经验，设定恰当的教学目标，并据此选择恰当的教学内容和教学形式。再来看一个物理学科以学定教的例子，在高中物理教师教学用书上有这样两段话[①]：

> 在现代科学中，静与动、曲与直、变与不变、部分与整体等辩证关系，都需要用极限的思想去理解。根据编者的经验，学生学习极限时的困难不在于它的思想，而在于它的运算和严格的证明，而这些，在教科书中并不出现。实际上，教科书甚至从始至终都没有出现"极限"这个术语。对于这个思想方法，教材的宗旨是"渗透"。在匀变速直线运动的规律、变力做功、曲线运动等多处反复出现，让学生逐步熟悉和感悟。

> 有一种意见，认为大学将来会系统地学习这些内容，中学没必要学。我们的意见是，学习的内容按性质分一般有两类，一类是知识性的，一类是方法性和观念性的。对于前者，如果以后有机会学，没必要重复；而方法性的、观念性的东西，需要多次接触，才能逐步深入地领悟。人们缺少的知识可以在一生中的任何

① 人民教育出版社等：《普通高中课程标准实验教科书·物理1必修·教师教学用书》，人民教育出版社2004年版，"编者的话"第5页。

时刻补充，而方法性的东西，特别是观念性的东西的学习，在成长过程中时机的选择，是非常重要的。

这两段话表现出相当高的教学智慧。在学生对极限概念尚不能进行数学证明和推导时，先让他们反复体验极限的思想和观念，这同样也非常好地体现了以学定教的理念。下面是一位物理教师对如何在物理教学中渗透极限概念的体会[①]。

教材是这样介绍瞬时速度的："平均速度只能粗略地描述运动的快慢，为了使运动的描述精确些，可以把 Δt 取得小一些，运动快慢的差异也就小一些；Δt 越小，描述越精确；想象 Δt 非常小，可以认为此平均速度表示物体的瞬时速度。"学生对瞬时速度的概念是能理解的，但由于第一次碰到这样把近似值当成精确值的思想方法，抱有怀疑态度，认为这是一种近似、模糊的处理方法。为此我借助习题来加深学生对瞬时速度和极限思想的理解。

例题：一物体从静止出发，从某一高度向下竖直下落，它的位移大小与时间的函数关系为 $S=5t^2$（m）

1）求 $t_1=2$ s 到 $t_1=3$ s 这段时间的平均速度；

2）求 $t_1=2$ s 到 $t_1=2.1$ s 这段时间的平均速度；

3）求 $t_1=2$ s 到 $t_1=2.01$ s 这段时间的平均速度；

4）求 $t_1=2$ s 到 $t_1=2.001$ s 这段时间的平均速度；

解：由位移 S 与时间 t 的关系式 $S=5t^2$ 可以得到各段时间的平均速度。

1）$\overline{v}_1=S/t=5\times(3^2-2^2)/(3-2)=25$ m/s

2）$\overline{v}_2=S/t=5\times(2.1^2-2^2)/(2.1-2)=20.5$ m/s

3）$\overline{v}_3=S/t=5\times(2.01^2-2^2)/(2.01-2)=20.05$ m/s

4）$\overline{v}_4=S/t=5\times(2.001^2-2^2)/(2.001-2)=20.005$ m/s

---

① 韩立飞：《怎样在高中物理教学中渗透极限思想》，《中学教学参考》2011 年第 9 期。

从上面的计算发现，当时间间隔取得越来越短，物体平均速度愈来愈趋近于20m/s。实际上，20m/s 就是物体在 2s 时刻的瞬时速度。可见，质点在某一时刻的瞬时速度，等于时间间隔趋于零时的平均速度值，用数学语言讲，瞬时速度是平均速度的极限值。通过这样的计算，学生对后面瞬时加速度、瞬时功率的问题的处理，也就很好地接受了。

教师没有要求学生对速度的极限值进行严格的数学证明，而是用较简单的方法让学生观察、体验极限的存在。这非常符合课标研制者的想法：极限的思想方法要"渗透"，让学生逐步"熟悉"和"感悟"，对这种观念性的内容，要多次接触，逐步深入地领悟。

孔子说"不愤不启，不悱不发"，提醒教师如果学生没有思考和体会时就不要开导他，想说却说不出来时就不要去启发他。《学记》中说："故君子之教，喻也；道而弗牵，强而弗抑，开而弗达。道而弗牵则和，强而弗抑则易，开而弗达则思。"意思是高明的教师善于引导学生而不牵着学生走；对学生严格要求却不使学生感到压抑；注重启发学生思考而不会把结果灌输给学生。在以学定教的教学中，教师不再是知识的灌输者和学生学习的监管者，教师成为学生学习的引领者和伴随者。教师一边盯着教学目标，一边观察、照顾学生，根据学生的状态即时调整教学的进度和难度，与学生一起进退。

需要指出的是，以学定教不是简单地增加或降低难度，更不能将其理解为"难的内容就不讲"。就像上述语文阅读和物理教学的例子，在学生不能直接面对和处理非常抽象的概念时，不是放弃相关教学目标，而是加强在具象的经验层面帮助学生理解教学内容，从而在基于学生经验和认知水平的基础上积极促进学生的发展。

2. 丰富知识储备

一首精妙绝伦的古诗，如果没有解决字词的问题、不了解作者的写作背景、缺乏必要的语言知识、不熟悉其中的典故、不与其他的古诗进行联系比较，又怎能讲得好呢？如果说学科知识框架是"骨架"的话，致密丰厚的知识储备就是"血肉"。下面我们通过一个较完整的案例来说明教师的知识储备对教学的影响。

课文《两茎灯草》选自吴敬梓的小说《儒林外史》，其中世人耳熟能详的是严监生临死时的表现。

> 严监生喉咙里痰响得一进一出，一声不倒一声的，总不得断气，还把手从被单里拿出来，伸着两个指头。大侄子走上前来问道："二叔，你莫不是还有两个亲人不曾见面？"他就把头摇了两三摇。二侄子走上前来问道："二叔，莫不是还有两笔银子在那里，不曾吩咐明白？"他把两眼睁得滴溜圆，把头又狠狠摇了几摇，越发指得紧了。奶妈抱着哥子插口道："老爷想是因两位舅爷不在跟前，故此记念。"他听了这话，把眼闭着摇头，那手只是指着不动。赵氏慌忙揩揩眼泪，走近上前道："爷，别人都说的不相干，只有我能知道你的意思！你是为那灯盏里点的是两茎灯草，不放心，恐费了油。我如今挑掉一茎就是了。"说罢，忙走去挑掉一茎。众人看严监生时，点一点头，把手垂下，登时就没了气。

几乎所有老师都会把严监生讲成可笑、可憎的吝啬鬼，并且与巴尔扎克笔下的葛朗台比较。凡是这么讲的，应该都没有看过《儒林外史》第五、六回原文。下面我们通过原文看看严监生到底是不是吝啬鬼，先看第五回——王秀才议立偏房　严监生疾终正寝——中的情节（有删减整理）。

> （背景：严监生的大哥为非作歹被告官，因害怕吃官司跑路了。知县准了状子，差人去找老二严致和，他是个监生，家私豪富。）
> 严监生随即留差人吃了酒饭，拿两千钱打发去了。在衙门使费，共用去了十几两银子，官司已了。

过了几日，料理了一席酒，请二位舅爷来致谢。王氏的病渐渐的重起来；每日四五个医生用药，都是人参附子，总不见效。严监生掉下泪来道："令妹自到舍下二十年，真是弟的内助；如今丢了我，怎生是好！"拿出两封银子来，每位一百两，递给二位老舅。严致和又道："却是不可多心，将来要备祭桌，破费钱财，都是我这里备齐，请老舅来行礼。明日还拿轿子接两位舅奶奶来，令妹还有些首饰，留为纪念。"

（王氏死）修斋、理七、开丧、出殡，用了四五千两银子。

赵氏感激两位舅爷入于骨髓。田上收了新米，每家两石，腌冬菜每家也是两石，火腿每家四只，鸡鸭小菜不算。不觉到了除夕，严监生拜过了天地祖宗，收拾一席家宴。严监生同赵氏对坐，吃了几口酒，掉下泪来，指著一张橱里，向赵氏说道："昨日典□内送来三百两利钱，是你王氏姊姊的私房；每年腊月二十七八日送来，我就交给他，我也不管他在那里用。今年又送这银子来，可怜就没人接了！"赵氏道："你也别说大娘的银子没用处，我是看见的。想起一年到头，逢时遇节，庵里师姑送盒子，卖花婆换珠翠，弹三弦琵琶的女瞎子不离门，那一个不受他的恩惠？况他又心慈，见那些穷亲戚，自己吃不成，也要给人吃；穿不成的，也要给人穿；这些银子，够做甚么？再有些也完了！倒是两位舅爷，从来不沾他分毫。依我的意思，这银子也不必用掉，到过了年替奶奶大大的做几回好事。剩下来的银子，料想也不多，明年是科举年，就是送给两位舅爷做盘程，也是该的。"

猫跳上床头，只听得一声大响，床头上掉下一个大竹篓子来。靠近看，只见一地黑枣子拌在酒里，蔻篓横放著。两个人才扳过来，枣子底下，一封一封，桑皮纸包；打开看时，共五百两银子。严监生叹道："我说他的银子那里就肯用完了？像这都是历年积聚的，恐怕我有急事好拿出来用的；而今他往那里去了！"一回哭著，叫人扫了地。把那乾枣子装了一盘，同赵氏放在灵前桌上；

伏著灵床前，又哭了一场。

（几日后）叫赵氏拿出几封银子来，指著赵氏对王氏的兄弟王德、王仁道："这倒是他的意思，说姊姊留下来的一点东西，送给二位老舅添著做恭喜的盘费。我这病势沉重，将来二位回府，不知可否会得著！我死之后，二舅照顾你外甥长大，教他读读书，挣著进个学，免得像我一生，终日受大房里的气！"

从这些情节哪里能看出严监生是一个守财奴、吝啬鬼？相反，严监生倒是一个仁义、宽厚、重情义、高情商的人呢！吴敬梓为什么要写"两茎灯草"的故事，与严监生的言行、个性完全完全矛盾啊！事实上，"两茎灯草"这个故事，很有可能是吴敬梓借用的。阮葵生在《茶余客话》卷十五中写道：

> 吴杉亭言：扬州商人某，家资百万，而居处无殊窭人。弥留之际，口不能言一字。亲友环视，至夜忽手竖二指，攒眉掇口不止。其子曰："父恐二郎年幼，不治生耶……"摇首不然。子又曰："虑二叔欺儿凌孤耶？"摇首不然。众皆愕然。其妻后至，四顾室中，向语云："欲挑去油灯碗中双灯草耳。"富翁缩手点头，瞑目而逝。公度、杉亭皆亲见其人，非杜撰者。

阮葵生特别强调，这件事不是杜撰的，是吴敬梓的长子吴杉亭亲眼目睹、亲口所说。吴敬梓经常到扬州，吴杉亭目睹此事时吴敬梓可能也在场，或至少听其子讲过，这很可能为他塑造严监生的形象提供了原型。二者相关合处甚多：其一，富而俭，家资百万而居处无异穷人，弥留时还因两根灯草费油而不肯瞑目。其二，儿子年幼不能继家业。其三，有觊觎他家产的兄弟。[1] 两者相较，"父恐二郎年幼，不治生耶""虑二叔欺儿凌孤耶"两句话被吴敬梓弃而不用，很有可能是一种有意识的掩盖，而这恰恰激起人们的注意与好奇——为什么要去掉这两句话？如此一来，掩盖变成了凸显和提醒！

---

[1] 参见李汉秋：《儒林外史研究资料集成》，上海古籍出版社 2017 年版，第 208 页。

吴敬梓很可能藉此提醒人们注意他自己的经历：继父去世后，亲族叔伯和堂兄弟看他人孤势单，欺他两代单传，便蓄意侵夺他的祖遗财产。[①] 在《儒林外史》第五、六回，吴敬梓对这样的情节有三次刻画：第一次，扶正赵妾时，诸亲六眷都到齐了，五个亲侄子却一个也不来，因为赵妾扶正后，他们再想占有二叔的财产无疑是难上加难了。第二次，严监生病重后，五个侄子不仅全来了，而且是"穿梭的过来陪郎中弄药"，实际上是盼着严监生早死并霸占其产业。第三次，两个侄子以及奶妈都没有弄明白严监生"两根手指"的意思，赵氏说只有她懂得严监生的意思，作者接着写："只因这一句话，有分教：争田夺产，又从骨肉起戈矛；继嗣延宗，齐向官司进词讼。"这明确提示读者下一回重点写严贡生霸占严监生的遗产，欺负孤儿寡母的内容。

吴敬梓冒着人物形象错乱的危险保留"两茎灯草"这样的素材，还有一种可能性，即作者因为这个故事太妙而难以割爱。这很有可能不是《儒林外史》而是中国古典小说普遍存在的现象。对此夏志清的解释是：现代小说的读者是在福楼拜与亨利·詹姆斯的实践和理论影响下成长起来的，创作目标是首尾一贯的主题、生动和富有逻辑的艺术形象、独特而鲜明的风格，厌恶说教、杂乱无章的结构以及无关的情节。因此，"不能指望中国的白话小说以其脱胎于说书人的低微出身能满足现代高格调的欣赏口味"。这提醒我们要注意中国传统小说的重要基因：讲唱和说书。夏志清在导论用八页的篇幅梳理了中国讲唱和说书的历史及其对明清小说的影响，如分成许多章回，每一回都以"欲知后事如何，且听下回分解"作结；从晚明起，还要在每一回之前加上一联对偶句作回目。由于一回的长度是确定的，而叙事的复杂程度不同，所以有的回显得太空，有的又显得太满。即使《红楼梦》这样一部伟大的作品，有的章回里面也附带叙述了许多完全可以删掉的不重要的小故事。此外，传统小说中还会出现很多对人物塑造和情节发展没有价值

---

① 参见宋金民：《两茎灯草引发的冤案：严监生非吝啬鬼辨》，《太原师范学院学报（社科版）》2017 年第 6 期。

的诗词、骈文、曲词、套语，在说书人那里，这些都是为了吸引听众的注意力。[1]

基于此，我们也许可以理解《儒林外史》不恰当的素材安排而导致人物性格刻画的混乱——为了吸引听众而引入孤立的、与整体逻辑不符的情节，从而破坏了人物形象塑造的一致性。

基于这个案例的分析，我们一定能够意识到，教师有关教学内容的知识是否丰厚直接决定了教学的深度和境界。如果一个语文教师能够阅读并积累大量高品质的素材，文本解读时必能呈现另一番不同的景象，这对夯实学生学科基本功无疑是非常重要的——不仅是语文教学，对所有学科来说都是如此。"给学生一碗水，教师要有一桶水"的说法是很有道理的。

3. 落实学科方法

在第一章，我们分析了教学内容的组织要朝向"学科思想方法"，这里分析的"学科方法"相对而言更具体、知识性更强，与知识的对应更明确。相对而言，学科知识是载体，学科方法是目标，方法具有更强的能动性和可迁移性，是影响学生能力与素质的重要因素，自然也是重要的学科基本功。

我们可以将学科方法理解为"获得学科知识的具体方法"。这个理念很重要，它将知识与方法紧密关联起来，使知识获得与方法习得同步、统一起来。教师在备课时，不仅要准备具体的教学内容，还要关注这些具体知识背后的学科方法。换言之，要以学科方法为重要的出发点组织教学内容。例如，有研究者总结了物理教学中的学科方法，包括模型、类比、等效、对称、守恒、临界状态分析、极限分析、图解法等，如下表所示[2]。

---

[1] 参见夏志清《中国古典小说史论》（江西人民出版社 2001 年版）的导论，以及对《儒林外史》及其中"两茎灯草"情节的分析。

[2] 杨静：《基于学科思想方法的整合性教学研究》，四川师范大学 2011 年硕士学位论文。

学科方法	对应的知识（举例）
模型	"光滑水平面""质点""理想气体模型"等。
类比	惠更斯把光的传播和声音的传播进行类比，创建了光的波动说。学习电场时与引力场进行类比，又为磁场的学习奠定了基础。
等效	一个水平方向的匀速直线运动与一个自由落体运动的合成等效于平抛运动。
对称	法拉第从"电生磁"的现象中得到启发，提出"磁生电"的想法，并由此发现了电磁感应定律。物理中有许多概念、规律是互逆的，既可以由因索果，也可以由果溯因，这也体现了对称。如力学中，如果物体受到力的作用，那么它的运动状态必然发生改变，反过来也可以从物体运动状态的变化分析物体的受力情况。
守恒	第一类永动机违背了热力学第一定律，第二类永动机则违背了热力学第二定律。而查德威克应用动量守恒定律和机械能守恒定律，推算出贯穿能力极强的射线是由质量与氢原子核接近的不带电的中性粒子组成，这种粒子就是卢瑟福预言的中子。
临界分析	杂技表演中的水流星，只要水的速度大于某一个值，"水流星"表演就一定会成功；还有第一宇宙速度、第二宇宙速度。
极限分析	伽利略理想斜面实验：U型槽一边释放小球，不计摩擦小球将在另一边（B边）上升到释放时的高度。当B边倾角变小，小球同样会达到释放时的高度，但所用时间会增加。如果B边倾角达到极限（0°），小球运动时间就会"无限长"，即保持一种运动状态"一直"运动下去。
图解法	由平行四边形法则衍生出的矢量图、描述物体运动过程的流程图、显示电器连接关系的电路图、反映光传播规律的光路图等。

从这个例子我们可以看到，学科方法除了具有所谓"渔"的性质，它有一个非常重要的价值——将学科知识串起来。很多教师是考什么教什么，或教参提示什么教什么，或模仿所谓的优质课，这样的教学因缺乏学科方法的驱动而显得零碎、没有章法，学生的收获往往因此而缺乏系统性。因此，以学科方法把知识串起来，这对夯实学生学科基本功无疑是很重要的。

再举一个语文教学的例子。高中课文《三峡》是一个名篇，孙绍振在《〈三峡〉：地貌万年不变，散文千年更新》中开宗明义地说道："很多人对《三峡》进行'大而化之'的赞赏，这样的赏析根本没讲出《三峡》的精彩，通篇是观念僵化的套话，包括大处着笔、正面描写、巧用夸饰、侧面描写、对比衬托、惊心动魄、体物妙笔、生动逼真，等等。"[1]事实上，《三峡》的作者郦道元是没有去过三峡的，将《三峡》定位为写景文，分析其写景的逼真是有问题的。《三峡》究竟美在哪里？解决这个问题很重要，但更重要的是让学生掌握解决问题的方法，有了方法就不仅能解决一个问题，更能解决一类问题，从而有效提升教学效率、优化教学效果。我曾在《中小学古诗词评点及教学建议》中专门探讨解读、赏析古诗文的方法，如下图所示[2]：

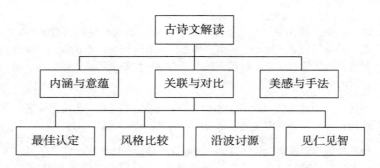

赏析古诗文的一个方法是沿波讨源，我们来看孙绍振如何基于沿波讨源对《三峡》进行分析。

> 纪昀、陆锡熊、孙士毅等人在《四库全书总目》中评郦道元，说明他根本没有去过三峡。郦道元之所以获得如此的成功，关键是在他之前，众多文献、多种版本为他准备了精彩的素材，主要是袁山松的《宜都记》和盛弘之的《荆州记》。
>
> 《宜都记》中对三峡的描写："峡中猿鸣至清，山谷传其响，泠泠不绝。行者歌之曰：'巴东三峡猿鸣悲，猿为三声泪沾衣。'自西陵溯江西北行三十里入峡口，山行周围，隐映如绝，复通高

---

① 孙绍振：《孙绍振解读经典散文》，中华书局 2015 年版，第 69–85 页。
② 参见赵希斌：《中小学古诗词评点及教学建议》，华东师范大学出版社 2019 年版，第 36–59 页。

山重障，非日中夜半，不见日月也。"我们今天从《水经注》中看到的注文，是出自盛弘之的《荆州记》："峡长七百里，两岸连山，略无绝处，重岩叠嶂，隐天蔽日。常有高猿长啸，属引清远。渔者歌曰：'巴东三峡巫峡长，猿鸣一声泪沾裳。'"而到了郦道元《水经注》里，《宜都记》中对于三峡两岸的描写则变成了："自三峡七百里中，两岸连山，略无阙处。重岩叠嶂，隐天蔽日，自非亭午夜分，不见曦月……常有高猿长啸，属引凄异，空谷传响，哀转久绝。故渔者歌曰：'巴东三峡巫峡长，猿鸣三声泪沾裳！'"盛弘之是很有才情的，但是，和郦道元《水经注》写三峡的文章相比，就相去甚远了。

郦道元描写山水之秀美："春冬之时，则素湍绿潭，回清倒影。绝巘多生怪柏，悬泉瀑布，飞漱其间。清荣峻茂，良多趣味。"郦道元没有直接游历过三峡，这样的增写显然出于想象，长江三峡的急流，怎么可能在春冬之际变成"素湍绿潭"，甚至水清至有"倒影"的效果？而到了秋季，水竟枯到"林寒涧肃"的程度？"湍""潭"和"涧"怎么可能是江呢？连河都很难算得上。但千年以来，读者对这样的"不真实"熟视无睹，原因是郦道元的文章太漂亮了，虽为地理实用文体，但其"逼真的幻觉"，审美想象超越了机械的真，把读者带到忘我、忘真的审美境界。这也许就是叔本华的审美"自失"，实用性的地理文献，不期而变为抒情诗化的散文。

袁山松明确指出，亲临三峡的人从来没有提及这里山水的美好，却"悉以临惧相戒"。而袁山松恰恰相反，他写道："及余来践跻此境，既至欣然，始信耳闻之不如亲见矣。其叠崿秀峰，奇构异形，故难以辞叙，林木萧森，离离蔚蔚，乃在霞气之表。仰瞩俯映，弥习弥佳，流连信宿，不觉忘返。"

这就提出了一个尖锐的问题，为什么面对同样的山川，袁山松能"仰瞩俯映，弥习弥佳，流连信宿，不觉忘返"？这是因为情感超越了实用理性，才能进入想象的境界，也就是超越了"逼真"的境界，使情感进入"审美"境界。对这个境界，袁山松这样称述："既自欣得此奇观，山水有灵，亦当惊知己于千古矣。"无生命的山水不但"有灵"，而且成为"千古""知己"。这明显是从"逼真"上升到"想象"，想象越是超越了"逼真"，超越了实用，才可能使物象与情志统一，构成形象感染力。

从袁山松的审美情趣经过盛弘之《荆州记》的积累，再到郦道元的《水经注·江水》，中国古代作家呕心沥血，前仆后继，不惜花了上百年功夫，才成就了这一段经典在情感上的有序和语言上的成熟。正是因为这样，《三峡》或以《三峡》为代表的《水经注》中的山水散文，成为中国散文史的突起奇峰，得到后世极高的评价，将其成就放在柳宗元之上。

经过这样的溯源，我们能深切感受到，让学生品味《三峡》"写景的真与美"只是等而下之的赏析方式。与《三峡》相似，没有去过洞庭湖的范仲淹在《岳阳楼记》中描写洞庭湖，这样的写景之文能够世代流传绝不是因其写景之真，而是因其所蕴含的中国文人、士人的情志。中国文人的精神主轴及审美意志有怎样的特点，为何会有这样的特点，这仍然是需要沿波讨源的问题。①明代陈仁锡评《史记》时说："文生于情，情生于法，法生于因。……知文而不知情，其敝也嚚；知情而不知法，其敝也諂；知法而不知因，其敝也渎。"（《钟惺评史记·史记序》）这说明读古文、品古文不能就文章而论文章，而要追索文章背后的"情""法""因"。经典古文能够穿越千年是因为有一种核心力量——如上面所分析的文人的情志，支撑它历经岁月的淘洗，这个力量体现了经典古文的核心价值与审美意涵。赏析古文就要让学生能够认识、体验这种力量，而这需要建立在对古文的内容、形式沿波讨源的基础

---

① 中国古文蕴含的士人的思想与情志参见赵希斌：《中小学古文评点及教学建议》，华东师范大学出版社 2020 年版，第 2-32 页；对古文中山水文的审美分析参见该书第 45-49 页。

上。不仅是《三峡》，对所有古文乃至其他类型的文本进行解读，沿波讨源都是必不可少的，它是一种需要教师掌握且传授给学生的文本解读方法。

我们应意识到，各学科都有独特的表现学科规律、解决学科问题、获取学科知识的"研究方法""思维方法""学习方法"，比如数学学科中的数形结合、转化、替代、反证、归纳、极端值判断、排除法、试误法、代入法等，历史学科中史实的记忆方法、史书的阅读方法、史料的收集方法、史料的鉴别与分析方法等。教师要积累、加深对这些学科方法的认识，并真正将其体现、落实在课堂教学中。

4. 聚焦重点与难点

教学要聚焦教学重点与教学难点，这对教师来说耳熟能详，教参也会明确标明哪些内容是重点，哪些内容是难点。可是，如果问道："这些内容为什么是重点，又为什么是难点；如何抓住重点、突破难点？"有多少老师能解释清楚呢？下面我们对教学重难点的内涵进行分析，并说明如何通过抓住重点、突破难点夯实学生的学科基本功。

（1）抓住教学重点

重点，可以理解为"重要的知识点"。教学中要传授的知识千千万万，哪些是重要的？我们可基于两个角度明确教学重点：一是指向学生能力和素养；二是指向学科关键知识。

- **指向学生能力和素养**

教学是为了促进学生发展，基础教育是为了给学生打好基础，因此，那些指向学生能力和素养的知识应成为教学重点。教师在备课时，要跳出知识看知识，明确所教知识对学生素质发展、能力提高的作用，这样的作用主要体现在三个方面：

- 把握特定的学科思想、学科方法；

– 形成特定的态度价值观；

– 能够在实践中解决具体问题。

与这些目标关系越密切的知识其重要性就越高，这样的内容也应当成为教学的重点。本书前两章"高层次学科素养"和"高品质思维能力"，分析了学科教学中对学生发展有重要影响的内容，可作为确定教学重点的参考。

● **指向学科关键知识**

一个小说中有很多人物，但其中总有关键人物——主角，这样的角色贯穿始终，而且其他角色与主角都有关联。同样，在教学时一个知识块往往包含很多知识，这些知识中也一定有"主角"——关键知识，找到关键知识就抓住了重点。

例如，生物教学中"消化系统"这个单元，其中涉及很多知识点，包括消化系统的构成、功能、消化过程等。如果没有重点地讲授，会导致胡子眉毛一把抓，学生被迫花大量时间在机械记忆上。此时教师抓住重点的策略就是思考有没有一个关键知识作为"主角"能够将所有的知识串起来？

综观消化系统的所有内容，"食物的转化与吸收"可作为关键知识。在口腔部分，教师可以问学生，"为什么我们的犬齿退化了（可对比人类祖先和食肉动物的犬齿）"，引导学生理解这是因为人类自从发明了狩猎工具，不需要捕活食，犬齿作为"匕首"刺穿猎物身体的功能不再重要，因此人类的犬齿在进化过程中渐渐退化了。人类的臼齿为什么那么发达呢？这同样与食物的特点相关，人类不但杂食，而且在进化过程中食物类型越来越多样化，将不同类型的食物磨碎以帮助胃进行消化很关键，此时强大的臼齿就很重要了。

在口腔部分还有一个重要的知识点，教师可提示学生："我们吃东西为什么要细嚼慢咽？"我想大多数学生会回答："将食物磨碎有利于消化。"这个答案是对的，但不完整。教师可提示学生："生活中有一个现象，我们在嚼馒头时，嚼得时间长了会怎样？"一定有学生回答："会有甜味。"此时教师应提示学生这是因为唾液中有淀粉酶，能分解馒头中的淀粉，其产物以葡萄糖为主，还有少量麦芽三糖及麦芽糖。

在食道部分，教师可问学生："你们想一下，食道壁上是哪一种类型的肌肉？"此时教师与学生一起分析，食道通过蠕动将食物"推送"到胃中，因此，食道壁的肌肉主要是平滑肌。而在贲门部位（食道末端、与胃相连的部分），其肌肉类型为括约肌，像一扇门一样能够开放和闭锁食道，使得进入胃部的食物不会回流。

有关消化系统的知识还有很多很多，从上述内容来看，所有的消化器官包括其形态、功能都与"食物的转化和吸收"有关，这确实是众多知识中的"主角"，以食物进入口腔后的变化（物理变化和化学变化）为线索，可以将这个领域的内容都串起来。因此，从繁多的知识中定位这样的关键知识对于找到教学重点是很有效的。

对于各个学科来说，关键知识的形式和性质是多种多样的。例如，历史中的重大事件，地理中的关键考古发现，物理中的受力分析，化学中的物质结构及其变化，等等。把握学科关键知识并明确其在教学中的意义，教师必须加强学科发展史的学习，能够以动态的、关联的视角看待所教的学科知识，从而明确每个知识点在整个知识网络中的位置和价值。

（2）突破教学难点

难点，可以理解为"学生学习中有困难的知识点"。教师在备课时要澄清难点难在何处，以及如何处理难点。总的说来，教学难点客观上源自知识本身的抽象与复杂。有研究者指出[1]：

> 对于推理能力的培养，整套教科书是按照"说点儿理""说理""推理""用符号进行推理"等不同层次、分阶段逐步加深安排的。在本章（第五章，作者注），不仅要求学生通过观察、思考、探究等活动归纳出图形的概念和性质，还要求"说理"，把它

---

[1] 课程教材研究所等：《义务教育课程标准实验教科书·数学·七年级下册·教师教学用书》，人民教育出版社 2004 年版，第 2–3 页。

作为探究结论的自然延续。对于说理，由于学生还比较陌生，不知道应由什么，根据什么，得出什么，对于说理所用的三段论的形式——由小前提得到结论，以大前提作为理由，一下子也很难适应。因此，逐步深入地让学生学会说理，是本章的一个难点。

从"说点儿理"到"说理"，再到"推理"及"用符号进行推理"，困难程度依次增加，关键原因就是学习任务形式化的要求越来越高，抽象程度越来越强。比如，历史教学中有关"第二次世界大战：世界反法西斯战争的胜利"的内容，其难点在于对多个国际会议的理解，包括开罗会议及《开罗宣言》、雅尔塔会议及其主要决议、《波茨坦公告》、德黑兰会议。这些会议出现在战争的不同阶段，与多方利益相关，有很多的背景材料，会议之间存在复杂的联系。学生需要处理多方面的信息，进行不同层次的关联。再如，高中生物教学中，有一部分内容需要学生为细菌的繁殖生长建立数学模型，这就需要将生物知识和数学知识紧密结合起来，因而有可能成为教学的难点。

为了突破教学难点，教师在备课时应注意以下三个方面：

● 完善学生的知识网络

知识之间是有关联的，新知识的学习要建立在已有知识的基础上，良好的知识结构纵横交错、处处关联，既有环环相扣的纵向连接，又有蔓延铺开的横向连接，在某个点或某个方面的知识出现缺损，就会影响学生对其他方面知识的学习。

提出"有意义学习"的美国教育家奥苏伯尔在《教育心理学：认知论》的扉页上写道："假如让我把全部教育心理学仅仅归纳为一条原理的话，那么，我将一言以蔽之：影响学生的唯一最重要的因素，就是学习者已经知道了什么，要探明这一点并据此进行教学。"因此，教师在备课时，需要澄清新知识的学习需要哪些基础，学生是否具备该基础，如果知识储备不足，新知识的学习往往成为难点。例如，高中物理教学"加速度"和"圆周运动的即时速度"时会涉及数学中的"极限"和"求导"等概念，如果学生对这些概念的理解不够深入，那么这部分内容的学习一定会成为难点。再如，物理教科书中将"力"定义为"物体与物体之间的相互作用"，为了体现这种"相互作用"的大小，规定如果能让 1 千克的物体加速度达到 $1m/s^2$，这个力的大小就是 1 牛顿。因此，要理解力的概念，就需要"速度"和"加速度"的知识基础。在人教版高一物理教科书中，第一个单元的核心知识是速度，第二个单元的核心知识是加速度，第三个单元的核心知识是力的大小，前两个单元为第三个单元的学习做了铺垫。因此，教师在教授新知识时，要注意已有知识的回溯和铺垫，让学生在良好的知识基础上进行学习，这样才能有效突破教学难点。

背景信息对学习来说也是重要的知识储备。例如，语文学习中理解一篇文章需要相当多的背景信息，包括作者的经历、相关作品、时代背景、重要事件、相关的人与事，等等，背景信息的缺失将会使文本的理解变得困难。再如，思品教学中，时空、政治、经济、习俗等是理解某个议题必要的背景信息，有助于促进学生的思考和判断。如果这些信息缺失，学生的学习就很有可能浮于表面，同时会形成学习的难点。关于背景信息在教学中的价值，请参考本书第二章"鼓励批判性思维"部分，以及本书第五章有关"知识通联"的内容。

● 丰富学生的感性经验

基于具象经验理解与整合抽象知识是学生学习的重要途径。学生感性经验不足，无法有效支撑其对抽象知识的理解，这是形成学习难点的一个重要原因。

有这样一种说法：学生在语文学习中"一怕周树人，二怕文言文，三怕写作文"。为什么"怕周树人"，那是因为鲁迅作品的时代背景及高度的思辨性、深刻性，较明显地超越了学生的经验。"怕文言文"是因为古人的生活环境、文化背景、审美情趣、写作手法等都与学生的经验有较大出入，学生理解起来自然会觉得困难。"怕写作文"同样与经验的缺乏有关，学生绝大部分时间闷在教室里备考，没有旅游、没有社会实践、没有艺术欣赏，作文怎么写得出来？

下面这个例子值得重视，体现了如何通过调动学生经验突破学习难点。我的学生在作业中记述了她的钢琴启蒙老师如何引导其理解音乐作品。

> 我儿时的钢琴老师 50 岁左右，是我爷爷的同班同学，我叫他张爷爷。张爷爷是个爱表演的人，在我眼里就像个"老顽童"。他会把每一首练习曲都改编成小故事，让我和他一起表演这个故事，表演时他都会认真投入，将角色演绎得特别逼真。这种方式让我更好地理解曲子，并且学会用琴声来讲述一个个生动的故事。
>
> 10 岁那年，我在练一首作品《谷粒飞舞》。这首曲子描绘了一幅农民生产丰收的热火朝天、喜气洋洋的劳动场景。我没有亲眼看过农民在田地里收割的情景，乐曲中包含的情感我很难理解。张爷爷决定带我去农田里上一课。记得那天异常闷热，站在田地里，你会闻到庄稼被阳光炙烤的味道。田里的打谷机把谷粒堆得高高的，让我不禁想到了乐曲中描写谷粒飞舞的片段。张爷爷让我仔细听谷粒在空中碰撞的声音，"哒哒哒哒，哒哒哒哒"细小而又清脆的声音逗得我直笑。张爷爷说："孩子，拿起你的谱子，把开头描写谷粒的片段唱给我听听，试试能不能唱得像你听到的那样清脆？"记得我当时嘴巴秃噜唱不清楚，还惹得张爷爷哈哈地乐，可是谷粒清脆而又短促的声音形象已经在我心里确立了。随后，张爷爷带着我去帮田里的大爷干活。八月的天，像下火一样，真是"足蒸暑土气，背灼炎天光"啊。虽然我只是站在旁边看着，大约 10 分钟就待不住了，可是看到张爷爷和农民们那么辛苦地干活儿，我咬牙坚持着。傍晚，终于收工了，我们大家一同坐在田边的大石头上，他们有说有笑，为今天一天的劳动成果而高兴。晚霞映在金黄色的田地里，看着农民伯伯黝黑的、荡漾着微笑的脸，我和张爷爷一同唱起了《谷粒飞舞》中赞美劳动人民的那一段旋律，这旋律中有了不一样的味道，不一样的感动。

"把练习曲改编成小故事""扮演故事中的角色""用琴声来讲述一个个生动的故事"，这些就是调动和丰富学生经验的方式。当学生能够用讲故事的方式进行钢琴演奏，说明他的具象经验与抽象学习内容产生了真正的关联，前者对后者的学习产生了明确的支撑作用。案例中张爷爷带着孩子亲身体验田间劳作的情境，藉此让学生积累感性经验，对于学生理解和演奏音乐作品起到了积极的作用，这就好像艺术家要不断深入到生活中去采风一样。不仅音乐、美术、语文、英语等学科教学需要调动和丰富学生的经验，数学、物理、化学、生物等学科的学习同样需要经验支持，因为这些学科中的知识同样是人们对经验世界进行观察、概括、抽象的结果。我们来看物理教学参考书中给教师的提示[1]：

> 虽然学生在初中已经学习了惯性的概念，但这仍是学生难以理解的问题。学生的许多错误表现为：物体只有在匀速直线运动或静止状态时才有惯性；惯性是一种力；速度大的物体惯性大，因为速度大的物体停下来比较难……
>
> 教科书将惯性定义为一种"本领"，是物体"抵抗运动状态变化"的"本领"。这种"本领"的大小是怎么体现出来的呢？那就是受到相同力的作用时，不同物体的运动状态改变的快慢不一样，即加速度不同。可以让学生举出实例来分析，例如：在初状态相同时，在相同力的作用下，空车和装满货物的车哪个先达到某一速度？用相同的力使空车和装满货物的车从同一速度到停下来，哪个用的时间短？通过这样的实例分析，使学生总结出：质量大的物体，惯性大，质量小的物体，惯性小，物体的惯性与物体的质量有关，与物体的运动状态和受力情况无关。为了加深学生对惯性概念的感性认识，可以增加一些有趣的实验。

---

① 人民教育出版社等：《普通高中课程标准实验教科书·物理1必修·教师教学用书》，人民教育出版社2004年版，第62–63页。

如果问"物体惯性的大小与速度有关系吗？"，相当多的人会认为物体的惯性与速度成正比，即速度越大惯性越大，这即是基于感性经验所做出的判断。值得注意的是，这样的错误判断往往相当顽固，因为它是由个体的切身经验催生的，是有根、有生命的，牢固生长于学生的认知结构中，因而显得根深蒂固。突破因经验形成的学习难点，最有效的方法还是从经验的层面改变学生的认知，给学生提供新的生发正确认知的经验基础。在上面的案例中，惯性被定义为一种"本领"，这个概念很形象，有相当强的经验色彩，有效降低了惯性这一概念的抽象程度，可以成为学生理解惯性的经验基础。同时，"本领"这个感性经验强调了物体内在的、稳定的属性，不只在运动的时候，在静止的时候也能表现出来，这个基于经验的理解强化了惯性与质量的关联。

需要指出的是，丰富学生的经验不仅对突破教学难点很重要，对提升学生学以致用的能力也很有价值，因为从经验中来的知识更容易回到生活实践中解决实际问题，即俗语所说的"接地气"，关于这一点请参考第五章"通"中的"通联生活"部分。

● *关照学生的认知能力*

学生的认知能力决定了他们能够处理的学习任务的难度，很多教学难点缘于学习任务的难度超出了学生的认知能力。心理学家皮亚杰指出，儿童的认知发展要经历四个阶段：动作感知阶段（从出生到 2 岁左右）、前运算阶段（2 岁左右到 6、7 岁左右）、具体运算阶段（6、7 岁左右到 11、12 岁左右）、形式运算阶段（11、12 岁左右到 14、15 岁左右）。[①] 在儿童认知发展过程中，这四个阶段中的任何一个都不可缺失，它们之间的顺序也不会调整，即个体必然经历认知水平从低到高的发展过程。这意味着教师在备课时，要审视教学内容的难度，关照学生的认知能力。

我的学生在给我的作业中记述了她在小学四年级时做的一道奥数题：

---

① 参见［瑞士］皮亚杰：《发生认识论原理》，王宪钿等译，商务印书馆 1985 年版，第 21–57 页。

"中午十二点时针和分针重合，再过多少分钟时针和分针第二次重合？"当时她下意识地去墙上找钟表，回家后又用手拨钟表的时针和分针进行观察，这些都是典型的"具体运算阶段"的表现——需要具体的事物和形象作为思维的基础。可即使这样，她和她班上的绝大部分同学都做错了，而且错的都一样。这说明某个年龄段学生的认知能力普遍处于相同的水平，且具有相似的思维特征。虽然知道自己做错了，可是她仍百思不得其解，后来她渐渐忘掉了这道题。初二的一天，学校开运动会，她在看台上凝视着环形跑道，突然脑海中闪过小学那道奥数题，这环形跑道不正像一个偌大的时钟吗？而跑道上跑着的同学不就像运动着的时针和分针吗？因此，"钟表问题"转化成了"追及问题"，困扰了她多年的难题迎刃而解。这显示了其认知水平有了质变，发展到更高阶的"形式运算阶段"。

这个案例提醒我们，在教学中如果没有关照学生的认知能力，给学生布置了不可能完成的任务，这样不仅会造成教学的低效，还会给学生带来挫败感。学习任务的难度应匹配学生的认知水平；同时，我们也不能被动等待学生认知的成熟，应依据维果斯基的"最近发展区"理论，让学生"跳一跳摘桃子"，从而使学生主动发展、积极发展，在每个认知阶段发展得更充分、更高效。

第四章　正——正确、先进的价值观

学生通过学习不断获得知识、技能，其能力也不断增强，就像一只雏鸟逐渐羽翼丰满并最终能够飞行。一只鸟儿能飞多高、飞多远当然重要，但更重要的是往哪里飞。对学生来说，知识多寡、能力高低当然重要，但更重要的是人生的方向和境界，而这是由一个人的价值观决定的。

2021 年 5 月 30 日，在电视节目《超级演说家·正青春》中，一个高三学生发表了题为《小小的世界大大的你》的演讲，因其中一句话——"我就是一只来自乡下的'土猪'，也要立志去拱了大城市里的白菜"——引发舆论哗然。下面是演讲的节选①：

> 　　我得走出去，我必须走出去，就为了那些我从未见过的风景，那些还在远方等我的更优秀的人。从此，那个男孩变了，他切断了一切无用的社交，不再逢人就说自己的故事，恐惧、自卑和阴霾都已散去，他的眼里只剩下自信和坦荡。如今，在衡水中学这个更广阔的舞台上，我和所有的同学一起，带着必胜的信念向前走，我们在努力活成曾被寄予厚望的样子。这群志同道合的人，常在一起谈理想、谈未来，谈着自己和他们的世界。我和他们开玩笑说，我就是一只来自乡下的"土猪"，也要立志去拱了大城市里的白菜。今年我高三，高考报名之后就意味着，我们不再是学生，而是考生，我们拼了命地学，没日没夜地和时间竞赛，我们早上醒来的第一件事，就是大声喊出自己的理想。有人说，我的

---

① 　演讲视频见 https://v.qq.com/x/cover/mzc00200p1bxxoj/l0037u75taf.html。

理想就是斯坦福，有人说我要考清华大学金融专业，有人说我的目标是北京大学中文系。我们为此沉迷，为此消瘦，这种感觉让我们疯狂。

美国的斯坦福大学、清华的金融和北大的中文专业、高薪的工作，就是所谓理想的世界和精彩的未来？就是父母所寄予的厚望？就是教师苦教、学生苦学的目标？回答这些问题对于学生的发展来说至关重要。

学生的演讲是价值观驱动的，价值观是教育教学的目标，也是教育教学的影响因素，我们对此应给予高度关注。梁启超说，"教育是什么？教育是教人学做人——学做现代人"；鲁迅认为"教育要立人"；而柏拉图认为教育是"心灵的转向"。他们都没有提到知识和技能，决不是他们认为这些不重要，而是知识技能的学习相对于价值观的确立是第二位的，后者对于学生"成人""做人"更加关键。对此，叶圣陶先生有更加明确的表述："受教育的目的和意义是做人，做社会的够格成员，做国家的够格公民。""无论担任哪一门功课，自然要认清那门功课的目标，同时不忘记各种功课的总目标，即造成健全公民。"①

不教语文、思品课的老师可能会想：价值观教育重要，可我教的学科与此无关，我也无从置喙啊！那么，您对上面学生"拱白菜"的演讲一定有自己的看法，如果他是您的学生，您能否、应否给他一些建议呢？此外，价值观教育的核心是追求真善美，学科知识的生成与积累就是追求真善美的过程，在各学科的教学中，以知识为载体向学生展现真善美是自然的，也是可行的。我给北京师范大学学生上的一门课是"中小学教育研究方法"，十年前一个学生在作业中附言：

我们班所有同学都非常喜欢上您的课。我想自己从您的课上收获的不仅仅是怎么做研究，更重要的是怎么生活、怎么面对自己的人生。也许过不了多长时间我可能会忘了编制问卷的技巧，

---

① 转引自王文岚：《社会科课程中的公民教育研究》，西北师范大学 2004 年博士学位论文。

但是有些东西却可以伴随我走过一生。谢谢老师啦！

今年，我的这门课结束后，一个学生在给我的消息中写道：

> 赵老师好！我非常喜欢这么有趣和有意义的课，结课了还真的有点舍不得，非常感谢老师对我们教育研究的启蒙。这门课不仅让我更加深刻入微地理解和反思教育教学，而且对我整个职业生涯和人生发展都有启示。我一定找到真正适合自己、能感动自己的选题，同时会一直努力抗争以摆脱"向下的螺旋"。谢谢老师分享渊博的知识与真实动人的生活感悟，真的受益匪浅。辛苦老师啦！

学生的反馈让我很欣慰，因为学生从我这里得到的不仅是知识和方法，也是关于生活、做人的思考。这极为典型地体现了"教师不仅是经师，更是人师"的意涵。我的这些学生将来大部分都要当老师，我希望他们也能够在教学中对学生进行高品质的价值观培养。

中央电视台 2018 年 12 月 14 日播出的政论专题片《必由之路（第 4 集）》中，天文学家南仁东说[1]：

> FAST 沿袭了中华民族仰望上苍、观测斗转星移这样一个文化传统。用我们的成就回馈国家，回馈人民，回馈射电天文界。感官安宁，万籁无声，美丽的宇宙太空，以它的神秘和绚丽，召唤我们踏过平庸，进入到无垠的广袤。

每次看这段视频我都会泪不自禁。因为手术的关系，南仁东在录制这段视频时其声音极度沙哑，发出的声音多为气声，一字一顿、句句长歇，但给人的感受却是激情浪漫、神采飞扬。这是发自心底的声音，是最清澈、最坚定的价值观的宣告。短短一段话，我们能从中感受到南仁东心中的一团火、

---

[1] 视频见 https://www.iqiyi.com/v_19rqsk10qk.html。南仁东，中国天文学家，"人民科学家"国家荣誉称号获得者，获党中央、国务院授予"改革先锋"称号，500 米口径球面射电望远镜（FAST）工程首席科学家兼总工程师，因肺癌于 2017 年 9 月 15 日逝世。

眼中的一束光，他指引我们看向极远、看向辽阔。我们的很多学生高智商、能力强，但他们陷入"土猪拱白菜"式污糟的泥淖中无法自拔，这是非常令人遗憾和痛心的。老师们，我们要用更先进的价值观武装学生的头脑，引领其感受真善美，如南仁东所说，帮助学生跨过平庸，成就美丽绚烂的人生！

1. 朝向真、善、美

教学内容中蕴含的价值观体现在三个方面——求真、向善、审美。对此李泽厚指出 [1]：

> 我曾把自然界本身的规律叫做"真"，把人类实践主体的根本性质叫做"善"。当人们的主观目的按照客观规律去实践得到预期效果的时刻，主体善的目的性与客观事物真的规律性就交会融合了起来。真与善、合规律性和合目的性的这种统一，就是美的本质和根源。

这个有关真、善、美的理解值得重视，它突破了善即善良的狭隘认识，澄清了真、善、美的本质及它们之间的关系，说明了实现真、善、美的途径。

● **求真**

真，是自然、社会、人类自身的本原与本质，是事物的真相；求，探求、追索之意，各学科的知识即是求真的结果。求真既是一个过程，也是一种态度，教师在教学时，不仅传授知识，还要培养学生求真的态度，这即是一种重要的价值观教育。

物理、化学、生物、地理等自然科学的求真，是指关注有意义的现象，发现其关键表现与特点，澄清其发生发展的过程与规律，澄清其本质。

---

[1] 李泽厚：《美学四讲》，天津社会科学院出版社 2001 年版，第 91 页。

历史、思想品德等社会科学的求真，是指聚焦人类历史中的重大事件，关注与人的生存发展相关的重要现象，探求个体与社会发展的基本规律，审视个体与社会的核心追求与根本利益。

文学、音乐、美术等艺术学科的求真，是指以具体的形象揭示世界和人心的真相与本质，探索表达真挚情感且能引发情感共鸣的表现形式。正如亚里士多德所说："诗所描述的事带有普遍性，历史则叙述个别的事。所谓'有普遍性的事'指某一种人，按照可然律或必然律，会说的话，会行的事。"① 因此，艺术形象中蕴含的"真"超越个案和现象的普遍性和深刻性，我们因此而看到世界和自身的真相与本质。

数学和哲学的求真，这两个学科比较特殊，相对其他学科，它们更加形而上，基于更强的形式化、概念化、抽象化的方式，表现自然、社会、自我的本真与本质。

总的说来，教学内容是人类基于长期社会实践所发现、积累的真知。求真，是追求对世界及自我形成真确的认识，是只有人类才具有的了不起的态度与能力。因此，教师在向学生传授知识的同时，还要向他们展示人类获取真知的过程，让学生体验人类求真的意志与态度，以及在求真过程中遭遇的艰辛与挑战。例如：

– 地理教学中，布鲁诺因勇敢捍卫哥白尼的日心说而被宗教裁判所判为异端，被烧死在罗马鲜花广场。

– 物理教学中，亚里士多德断言重的物体会比轻的物体下落速度更快，伽利略用精妙的方法证明二者下落的速度是一样的。

– 语文教学中，龚自珍的《病梅馆记》揭露人才被束缚、被扼杀的问题；在《明良论四》中提出防止百官"擅威福"以扼制人才和"救今日束缚之病"的问题；在《乙丙之际箸议第九》中暴露衰败之世有用人才被"督""缚"以至于被"戮"的悲惨情景。龚自珍以"斗大明星烂无数，长空

---

① 转引自陈增福等：《亚里士多德〈诗学〉中的诗的真实性》，《吉林大学社会科学学报》2001 年第 5 期。

一月坠林梢"（《秋心》三首之一）慨叹庸才纷纷得势，英才惨遭沦落；以"一山突起丘陵妒，万籁无言帝坐灵。塞上似腾奇女气，江东久陨少微星"（《夜坐》）写英才遭妒忌排挤而沦落，造成死气沉沉的局面；以"谁肯栽培木一章？黄泥亭子白茅堂。新蒲新柳三年大，便与儿孙作屋梁"（《己亥杂诗》）讽刺不图宏远、不重栋梁、扼杀人才的用人举措。

- 政治教学中：毛泽东1941年在《改造我们的学习》一文中指出，"实事"是客观存在着的一切事物；"是"是客观事物的内部联系，即规律性；"求"就是我们去研究。随后，"实事求是"被确定为中央党校校训。

- 美术教学中：毕加索结合立体主义、现实主义和超现实主义等技法创作的《格尔尼卡》，以法西斯纳粹轰炸西班牙北部巴斯克的重镇格尔尼卡、杀害无辜的事件为素材，真实而深刻地表现了法西斯战争带给人类的灾难。

为了培养学生求真的意识与态度，教师可考虑用对比、关联、发展的方式组织教学内容，不仅让学生看到人们对世界和自我真确的认知，还应向学生展示错误、肤浅，乃至愚昧、反科学的认知，从而引导学生体会求真的过程及其意义。

● **向善**

"善"的核心与关键是"目的性"，即人类在社会实践中的向往、意志、价值取向。"善"的目的性蕴含着价值判断，人类一直在追求更好、更有价值的生活，这种生活在不同的时空和文化背景下存在差异，但"有尊严""有意义""自由"是普遍的、根本的追求。

向善与求真关系密切，有尊严、有意义、自由的生活实践必须建立在人们对自然、社会、自我真确认识的基础上。例如，由于人们对自然、社会、自我的认识越来越真确，科学技术、社会组织与管理得以不断发展完善，人们的生活日益安全、丰富、有条理，这是有尊严、有意义、自由的基础。

在对事物的真相与本质认识不真确的情况下，个体的追求和意志往往不符合事物发生发展的规律，无法体现"善"的特质。例如，前述高三学生吐露"土猪拱白菜"的志愿，"土猪""白菜""拱"都是狭隘、模糊、肤浅的表达，学生一厢情愿地将这些与未来精彩的生活画上等号，无论是其目标还是实现目标的过程都不真确，都不符合个体获得幸福、精彩人生的规律。

狭义上人们将"善"理解为善良。孟子有言，"人皆有恻隐之心"，善良出自因恻隐之心而带来的悲悯、同情。因为善良，"老吾老以及人之老，幼吾幼以及人之幼"，人们帮助处于困境的人，为此可以付出代价甚至舍生取义。同时我们应认识到，善良、同情、悲悯只是"善"的部分表现，就像上面所分析的，以"真"为基础，实现符合客观规律的目的是"善"，而这个目的之根本即是人们对更有尊严、更有意义、更自由的生活的向往与追求。这个对"善"的理解更上位，更能体现"善"的本质。

● 审美

《说文解字·卷四上·羊部》有言："美，甘也。从羊，从大。……美与善同意。"美源于满足、满意的心理感受，即个体的需求、愿望得到实现时的情感体验。《说文解字》说"美与善同意"，因为如果"善"得以实现，人们会为此感到满意和欣喜，因此而形成美的体验。当然，人有生理的、精神的、心灵的三重世界，生理快感对应于感官享受，认知的精进带来精神层面的满足，寻获人生彼岸与灵魂皈依激起心灵层面的快慰。

"真"与"美"同样有着密切的关联。爱因斯坦指出："关于世界最不可理解的事就是它是可以理解的。"对于自然界和思维世界蕴含的崇高、庄严和不可思议的秩序，爱因斯坦自始至终既十分赞赏、敬仰和崇拜，又为之感到狂喜、惊奇、谦卑乃至敬畏，还因此而产生了由衷的热爱和迷恋之情。谈到相对论，德国物理学家玻恩说，"广义相对论在我面前像一个被人远远观赏的伟大艺术品"；美国学者钱德·拉萨克则认为，"广义相对论在其发展的每个水平都显示了调和中的奇异，它具有比任何其他理论都多的无与伦比的美"。① 这显示了人类通过抽象化、形式化等手段认识世界的能力，并基于此能力以概念、定理、理论的方式呈现世界的真相与本质。通过求真形成对世

① 参见程民治：《爱因斯坦的科学美学思想探析》，《安徽师范大学学报（文科版）》2002年第9期。

界真确的认识，这会让人感到满足；同时，这显现了精神的力量，人们会为此而自信和自豪，这些都会带来美的感受。人们对世界的认识越深刻，表达认识的形式越简洁、平衡、优美，因此而获得的美感就越澎湃、越强烈。我们来看《庄子》中庖丁解牛的故事。

> 庖丁为文惠君解牛，手之所触，肩之所倚，足之所履，膝之所踦，砉然响然，奏刀騞然，莫不中音。合于《桑林》之舞，乃中《经首》之会。

庖丁解牛已达出神入化的境界。文惠君问庖丁的技术怎会如此高明？庖丁说：

> 臣之所好者道也，进乎技矣。始臣之解牛之时，所见无非牛者。三年之后，未尝见全牛也。方今之时，臣以神遇而不以目视，官知止而神欲行。依乎天理，批大郤，导大窾，因其固然。……彼节者有间，而刀刃者无厚；以无厚入有间，恢恢乎其于游刃必有余地矣。……动刀甚微，謋然已解，如土委地。提刀而立，为之四顾，为之踌躇满志，善刀而藏之。

庖丁对牛的身体结构有真确的了解，对解牛的规律有精准的把握，从而使解牛变得随心所欲，如入自由之境。"好者道也，进乎技矣"，因为高明的技术而触及世间最深刻的道，这当然给人们带来最强烈的成就感，从而成就深刻的审美体验——"提刀而立，为之四顾，为之踌躇满志"。

综上所述，求真、向善、审美是互通互补的。有人把科学、人文社科、艺术比做三棱塔的三个面，当人们站在底部，这三条边之间相距很远，但当人们站在塔的高处时，它们之间的距离就近多了，一旦到达顶端，就会发现这三个方面是融合在一起的。教育的最高价值是对真、善、美和谐统一的追求，真、善、美是教育教学中宝贵而又迷人的线索，希望每一位教师都能在教学中体现和追求真、善、美，并因此而站上教学的制高点，此时教师和学生一定会看到新气象，体验新境界。

2. 动之以情

如何传递价值观？"体验""触动"是两个关键词。价值观蕴含着人们的追求与向往，这使得价值观的理解和内化伴随着好恶、拒迎等心理反应，而这恰恰是影响价值观教育效果的关键因素。可以明确地说，未能让学生产生触动的价值观教育是失败的，学生形成情感的共鸣和触动，是价值观内化、被学生接受的关键手段，也是重要标志。台湾电视剧演员李罗十几岁的时候家里发生了大变故，父亲入狱，整个家庭从上流社会跌入社会底层，亲戚朋友避之而唯恐不及。为了养活家庭，为了让母亲过上好日子，李罗加入了黑社会。有一次，他把一叠钱给母亲，母亲一言不发，看也不看，李罗只好把钱放在桌子上。一星期后他回家，发现钱还在那个地方，他意识到母亲不但没有动甚至连看都没有看那叠钱。那一刻他感受到巨大的悲痛，下决心要转换生活的轨道，最终他也做到了。由此可见，一个人的心被震撼、被触动是价值观建立或重塑的基础。

《北京商报》2021年8月5日发表文章《飙泪点太多，〈再回延安〉你需要哭着看完》，文章写道[①]：

> 延安红街连续演出上百场的首部大型红色沉浸演艺《再回延安》，首演至今不足百日，已有数万来自全国各地的观众慕名而来。央视、新华社、人民日报等主流媒体也纷纷报道，称其"以一种创新的表达方式，体现了红色文艺精品的魅力"。
>
> "整场演出，差不多一半的时间我一直在哽咽，眼中泛泪、口罩浸湿。《再回延安》不仅是顶级的红色经典，即便在整个舞台剧范畴也堪称绝佳。"有观众这么评价。"开局即高潮，启幕就落泪。这部剧真的很与众不同，让我深切感受到台词和剧情相结合的穿透力。"来自杭州的80后观众张丽表示，特别是沉浸式的环形舞

---

① https://baijiahao.baidu.com/s？id=1707261320229529540&wfr=spider&for=pc，观众观看视频的反应见 https://v.qq.com/x/page/u3265pz2qbc.html。

台，观众站在中间，营造出的氛围感，是普通演出远无法比拟的。

经历了长征和战斗的洗礼，20岁的刘宝顺成了红旗班班长，但来到延安的他却时常陷入迷茫。在思念战友们的恍惚之间，班长姜元贵告诉他，留给他的红旗上绣着鲁迅先生《热风》里的一句话："此后如竟没有炬火，我便是唯一的光！"班长带着战友们再次远去了，只剩下刘宝顺怔怔地留在原地。"后来我才意识到，这是在一场梦里。红旗班原来有老军医、小秀才、大伙夫，还有一位钢铁意志的老班长，他们都牺牲了。班长离开前叫宝顺不能哭的时候，我已经哭得说不出话来了。"北京观众文柏噙着泪水走出剧院后，决定二刷这部剧。

陕西观众张戈尤其对剧中延安大轰炸的场景记忆犹新：在《黄河大合唱》激昂宏伟的节奏里，在纷飞的炮火里，在硝烟和瓦砾里，刘宝顺勇敢地扛起红旗，发出最后的呐喊："学生不会倒下，工人和农民不会倒下，我不会倒下，六万万中国同胞不会倒下，让我们和敌人血战到底！"磅礴大气的舞蹈即刻上演，无论台词布景、灯光效果，都让人十分震撼，瞬间泪奔。

整部剧的高潮之一是红军爬雪山的场景，不时有人失足滑落或停留冻毙，被白茫茫的雪山吞噬。有的战士牺牲之前感叹："让我看看，就看最后一眼……真美啊！""俯瞰这茫茫大地，它可真美啊，无数的生命也将永远长眠于这白雪中……"来自广州的观众李玉凤被这样的台词震撼到了，好几次掩面而泣。她觉得这幅画面里有一种"天真而残忍"的力量，"不直言爬雪山的艰难困苦，却用这样的纯真的语言，来对比生命的脆弱与绝美，慢慢细品，各种滋味都在其中"。

漫无边际、布满泥沼甚至暗藏杀机的草地，成为这支队伍更大的噩梦，疾病、伤痛乃至精神的崩溃接踵而至……战友们一个个倒下，只有17岁的刘宝顺，带着死去战友的祝福，以班长最后的嘱托为动力，撑起红旗班的旗帜独自走出了草地。然后，他喊出了那句震人心魄的口令："红旗班应到五人，实到一人，出发！"这是整部剧观众情绪的最高峰，现场几乎所有人都忍不住泪奔了。"我觉得自己仿佛走进剧里，成了一个红军战士，历史的画面在这一刻被艺术重新唤醒，让我深刻感受到可视、可触摸、有温度的'沉浸式'演出，眼泪也禁不住喷涌而出。"本地观众高华说。

多么令人震撼的价值观传递与价值观教育！对此我深有感触。2021 年 7 月，我参加了井冈山党史教育活动，由于教育活动内容和形式的创新——包括如《再回延安》这样的沉浸式情景剧等多种形式——四天的培训让我时时处于深切的共鸣与感动之中。

对于价值观教育，学生最反感的就是讲大道理，价值观教育一定要动之以情，要将自己对相关内容的理解与感动传递给学生。动之以情最有效的方法就是以人感动人，为此教师要点亮价值观教育中的人性之光。

3. 注重思辨

价值观教育对学生来说本质上也是外在知识、观念的习得与内化，就像本书第二章所分析的，它不应是单向的灌输，真正有效的价值观教育应启发学生的理解、分析、评价。需要注意的是，价值观教育中组织学生讨论，不是把问题抛给学生就可以了，由于缺乏引导与支持，很多课堂讨论出现了表面热闹、内容空虚的现象。例如，近年来我国大力提倡和推行"生态优先"的发展策略——提出"绿水青山就是金山银山"的理念；建设长江生态保护带，"共抓大保护、不搞大开发"；关停一大批高耗能、高污染企业，等等。如果教师不加以引导，对这个内容的讨论就有可能变成表态——学生们纷纷表示拥护，表示生态保护有多重要，生态家园多美好，不注重生态的发展多糟糕，生活在糟糕的生态环境中有多不幸……这样的讨论意义不大，学生的思维停留在表层，在现象和情绪的层面上"浮游"，某种意义上强化了被动思维、惰性思维。

价值观教育要激活学生的思维，避免讨论变成表态，教师应加强学生的思辨，提醒学生做出判断时要注重条件和前提。以上述"生态优先"的国策为例，如果不基于发展的视角，不顾事物发展的条件与前提，有一个问题无法解释：既然生态保护这么好、生态优先这么重要，而且现在也越做越好，那么为什么以前不做？所以，教师要引导学生思考：生态保护以前不是不想做，很有可能是条件不具备。换言之，现在能做、能做得好，是因为条件具备了，有了实施生态保护的前提——生态保护需要雄厚的经济基础和高级的产业形态。我们可以通过以下问题激发学生的思辨，将学生的思考引向深入：

- 为什么中国这些年才开始大力提倡生态保护，并能干出实效？
- 生态保护与经济发展有怎样的关系，又如何相互影响？
- 关停污染企业会造成人员失业、地方税收减少，如果你是主政者将如何取舍？
- 科技发展和产业升级在生态保护过程中起了怎样的作用？
- 为什么中国可以进入生态保护与经济发展兼顾的阶段？这个临界点在哪里？影响达到这个临界点的因素有哪些？
- 基于中国当前的生态保护，如何理解"发展中的问题要靠发展来解决"？
- 世界范围内的生态保护是否与中国有同样的模式？
- 类似生态保护的社会问题还有哪些？

这样的思辨为价值观的内化奠定了基础，使价值观在认识层面得到充分的认知加工，从而能够与学生已有的认知结构形成紧密的、实质性的关联。

社会在不断地发展和变迁，价值观也必然要与时俱进。任何一个价值观都是有历史、有背景的，也都随着时间在不断发生变化，经历不断"进化"的过程。作为一名教师，一定要以动态的、与时俱进的态度审视要传递给学生的价值观，体现时代的脉搏，去除价值观中不合情、不合理，甚至是错误的内容，彰显其中更符合时代特征、更美好的成分。

此外，不同的人有不同的价值追求，这使得价值观具有多元化特点，这应当得到尊重乃至鼓励。但是，多元价值观不等于是非不分和无条件接受。我们来看这样一个课例。

在《滥竽充数》的学习中，教师请学生对南郭先生进行评价。有一位学生说："南郭先生很聪明！"教师表扬道："听你这么说，老师也觉得有些道理。谁还赞成这种看法呢？"更多的学生纷纷发表意见："南郭先生很会利用机会，他看准了齐宣王喜欢听大伙儿合奏的机会，混了进去，很聪明。""南郭先生很知趣，一看齐湣王的爱好和他父亲不一样，喜欢听独奏，就非常及时地离开了，避免了出洋相。""南郭先生知道自己的底细，还能顾全大局，不争着出风头。"教师听后若有所思地回答："想不到同学们有这么独特的理解，让老师也觉得耳目一新！"于是转身在黑板上写下了"聪明"二字。

教师这样处理肯定是有问题的，如果人们都像南郭先生这样"聪明"，那么整个社会将会乱套并且变得非常功利和势利。小学生给出这样的答案是因为他们的思考还不够全面，无法抓住矛盾的主要方面，这恰恰是非常好的价值观教育的机会。教师可以通过生活中的实例让孩子们体会，我们应当唾弃这样的"小聪明"，这对自己、对他人、对社会都是不利的。

因此，多元价值观并不是没有是非观，也不是"和稀泥"，教师不能认为学生讲的东西就要无条件接受，更不能认为对学生的想法进行探讨和指正就是压抑、不尊重学生的思想。

如何区分多元价值观与错误的价值观呢？最重要的标准就是价值观是否体现、保护、促进了真、善、美。当然，真、善、美在不同的时空有不同的标准，呈现多元化与动态性。例如，能不能吃狗肉？这是残忍的吗？如果可以吃猪肉、牛肉，为什么不可以吃狗肉？这些问题看起来无解，因为不同的社会、时代有不同的价值观。我们来看孔子如何回答类似这样的问题。

宰我问："三年之丧，期已久矣。君子三年不为礼，礼必坏；

三年不为乐，乐必崩。旧谷既没，新谷既升，钻燧改火，期可已矣。"子曰："食夫稻，衣夫锦，于女安乎？"曰："安。""女安则为之！夫君子之居丧，食旨不甘，闻乐不乐，居处不安，故不为也。今女安，则为之！"宰我出，子曰："予之不仁也！子生三年，然后免于父母之怀。夫三年之丧，天下之通丧也。予也有三年之爱于其父母乎？"（《论语·阳货》）

宰我不想按礼制服三年之丧，并且给出诸多理由。孔子没有直接指正他或与其辩论，而是问："服丧期间你吃稻米、穿锦衣，心安吗？"宰我回答："心安。"孔子回应："你要是觉得心安，就这么做吧！"事实上，孔子反对宰我的想法。孔子认为，一个人愿意服三年之丧，是因为如果不这么做会心有不安——我们每个人被父母抱于怀中照顾了三年，父母离世了，我们要自问："是否应服三年之丧，以表达我们对父母的感念与回馈之情呢？"

这个案例让我们真切感受到，真、善、美的标准也许是多元的，但它于我们行为处世时永远都在、从不缺席。这个案例也提醒我们，价值观既源自外在的社会风俗、规范，更源自我们内心的情志与追求。因此，面对"可不可以吃狗肉"的问题，除了进行理性讨论、逻辑思考、规则援引，还要让学生扪心自问："我对此感到心安吗？"事实上，人类的食物清单一直在变化，随着人类物质条件、精神追求、饮食观的变化，越来越多的食物成为我们餐桌上的禁忌，人们的恻隐之心会照拂更多的动物和生命。推而广之，诸多价值判断都会在外部社会规范和个体情志之间的互动中建立与重塑。当越来越多的人生发、持有某种情志，这种情志就有可能外化为某种社会规范。因此，教师应有意识地引导学生将外部规范与内在情志结合起来，从而更好地促进学生价值观的确立。

4. 文化浸润

任何价值观都有特定的历史文化背景，学生也必然在特定的文化背景下接受价值观教育。2014年9月9日，习近平总书记在北京师范大学看望一线教师时说："我很不赞成把古代经典诗词和散文从课本中去掉，'去中国化'是很悲哀的。应该把这些经典嵌在学生脑子里，成为中华民族文化的基因。"中国传统文化中蕴含着极为丰富的价值观教育的素材，是价值观教育最好的载体。学生生活在特定的文化之中，也总在潜移默化地接受着中国传统文化的教育和熏陶。教师应有意识地在日常教学中基于传统文化对学生进行价值观教育。下面以中学课文《信客》为例，表格中左侧是课文内容，右侧是从儒家思想的视角对其所做的阐释：

课文内容	儒家诠释
老信客裁下客人的一条红绸捆扎自己的礼品，被客人发现后名誉扫地。他十分后悔，自觉没有颜面再做信客。"老信客声辩不清，满脸凄伤，拿起那把剪红绸的剪刀直扎自己的手。"他叮嘱年轻信客："我名誉糟践了，信客就在一个'信'字，千万别学我。"	"过而不改是谓过矣"（《论语·卫灵公》），"小人之过也必文"（《论语·子张》），老信客认识到了自己的错误并真心忏悔，他丝毫没为自己的错误进行掩饰或辩解。这也提醒我们要"慎独"（《中庸》），要以"战战兢兢，如临深渊，如履薄冰"（《论语·泰伯》）的态度为人处世。
老信客恳请读过私塾、闯过码头、碰了几次壁的年轻人做信客，将工作仔细交代给他，"整整两天，老信客细声慢气地告诉他附近四乡有哪些人在外面，乡下各家的门怎么找，城里各人的谋生处该怎么走。说到几个城市里的路线时十分艰难，不断在纸上画出图样"。年轻人听老人讲了这么多，讲得这么细，他也不再回绝。	"贫而无怨难"（《论语·宪问》），老信客在自己处于极度窘迫的状况时没有恨怨与沉沦，而是"见危授命，久要不忘平生之言"（《论语·宪问》），还想着信客这份工作不能耽误，这不就是责任感吗？年轻人并不想做信客，但他"见危受命"，最终能挑起这副担子，不也是因为责任感吗？
年轻信客说自己赚了钱要接济老信客。老人说："不。我去看坟场，能糊口。我臭了，你挨着我也会把你惹臭。"	"君子谋道不谋食……君子忧道不忧贫"（《论语·卫灵公》），老信客显然把名誉看得比任何东西都重要。
年轻人做了二三十年的信客，和老信客一样犯了胃病和风湿病。他的工作极其繁重，客人的要求又多又杂，他要做很多不是分内的事情。他曾被人误解，蒙受冤屈，但他都坚持下来了，"挑着一副生死祸福的重担，来回奔忙"。	"知其不可而为之"（《论语·宪问》），"士见危致命"（《论语·阳货》），在责任面前再大的困难也要克服，再多的委屈也要承受，这就是修为。

　　　　　　　　　　　　魅力课堂：高效与有趣的教学（第2版）

课文内容	儒家诠释
新信客一个发了财的同乡因为被他发现自己的婚外情，脸面挂不住，陷害他是小偷。他被扭送到巡捕房，同乡集资把他保出来，问他事由，他只说自己一时糊涂走错了人家，他不想让同乡在别人面前抬不起头。	新信客宅心仁厚，"以德报怨"①（《论语·宪问》），亲身实践着"志士仁人，无求生以害仁，有杀身以成仁"（《论语·卫灵公》）。知德者鲜矣（《论语·卫灵公》），这也提醒人们不要像陷害人的同乡一样堕落。
新信客最终支持不住了，跪在坟头请老信客原谅他不再做信客："这条路越来越凶险，我已经支持不了。"	信客是一个普通人，他也有不可承受之重，他在他的信客生涯中已经实践和实现了"仁、义、礼、智、信"②和"温、良、恭、俭、让"（《论语·学而》）。
新信客开始以代写书信为生。两年后，信客被举荐做了地理老师，教学效果奇佳，教起国文来也从容不迫。不久，他担任了小学校长。在他当校长期间，这所小学的教学质量在全县属于上乘。他死时，前来吊唁的人非常多。根据他的遗愿，他的墓就筑在老信客的墓旁。	"人能弘道，非道弘人"（《论语·卫灵公》），新信客所做的一切就是在"弘道"。他最后做了教师、校长，这有象征意义：得道之人成为传道之人，儒家的道理和传统就这样世世代代传下来。新信客的墓筑在老信客的墓旁，他所做的一切足以告慰老信客。老信客的失误终于得到弥补，他们终于都"求仁得仁"。

我在教师培训及给北师大的学生上课时多次使用过这个素材，无一例外，每次教师和学生都非常感动。我想他们感动的原因在于，两代信客的人生面对和回答了很多重要的有关价值观的问题，这些问题是我们每一个人都会遇到、必须思考的问题，也是中国传统文化中永恒的重要命题。这个案例也显示，将价值观教育与学科教学、传统文化结合起来不仅是必要的，也是可行的。

---

① 《论语·宪问》有言："或曰：'以德报怨，何如？'子曰：'何以报德？以直报怨，以德报德。'"《老子·63章》有言："大起于小，多出于少，以德报怨。"教师可引导学生探讨古人对"何以抱怨""何以报德"的看法，并发表自己的主张和见解。
② "仁、义、礼、智、信"为儒家"五常"。孔子提出"仁、义、礼"，孟子延伸为"仁、义、礼、智"，董仲舒扩充为"仁、义、礼、智、信"。

第五章　通——通联知识与生活

在成语故事《瞎子摸象》中，摸到象牙的，说象是萝卜的根；摸到象耳的，说象是簸箕；摸到象脚的，说象是舂米的器具……教师在教学中要避免犯这样的错误，不能只见树木不见森林，要全面、系统、立体地审视所教内容，要将学科内、学科间的知识通联起来，将学科知识与生活实践通联起来。我们来看一个案例——我的学生在作业中回忆给他留下深刻印象的刘老师。

　　教我弹琴的老师姓刘，他不仅琴弹得好，课教得棒，而且个人修养也很高，他喜欢练习书法，摄影作品还经常在比赛中获奖。记得初三的寒假，我去看望刘老师。刘老师问我最近有没有练琴，我说自己在照着谱子练《梅花三弄》。刘老师很高兴，叫我弹一遍。弹完之后，刘老师略微沉吟了一会儿，说道：《梅花三弄》是一首古曲，早在东晋就出现了，起初是用笛子吹奏，因为中间有三次变奏，所以叫梅花三弄，后来被改变为古琴曲，再后来被移植到古筝上。要想弹好这首曲子，光靠埋头练技巧远远不够。在古代，读书人喜欢弹古琴，古琴和古诗的韵味是融合的，要弹好这首曲子，必须了解古代描写梅花的古诗。"刘老师问我："你能背几首关于梅花的诗词吗？"我背了陆游《梅花绝句》中的一首："闻道梅花坼晓风，雪堆遍满四山中。何方可化身千亿，一树梅花一放翁。"老师满意地笑道："很好，这是描写雪中的梅花，淡粉色的梅花瓣上堆满了洁白的雪花，在清风的吹拂下微微颤抖。

你感受一下刚刚自己弹的泛音那一段，像不像梅花枝挂着雪在风中抖动？所以泛音要点得格外灵动，容不得一丝杂音，一定要干干净净，玲珑剔透。"刘老师接着问："还会背其他的诗吗？"我又背了一首王安石的《梅花》："墙角数枝梅，凌寒独自开。遥知不是雪，为有暗香来。"刘老师说："梅花开在墙角，冒着严寒坚强地挺立，还不断飘过缕缕暗香，抵御严寒靠的是梅花的筋骨，缕缕香气是梅花的魂魄。你想想刚才在高音区弹奏的那段，声音清脆跳跃又不失沉稳，每一个音符都流露出无尽的风韵，那种欲说还休的节律像不像不时飘来的香气？"我立刻觉得恍然大悟，不住地点头。

刘老师的这一堂课对我的影响是深远的。直至今天，我都喜欢听古曲，喜欢读古诗词，去感受那种耐人寻味的意蕴。我想，也许这就是一个成功的老师所给予学生的潜移默化的影响吧。

看完这个案例，我只能说："妙！妙！"刘老师的课称得上"旁征博引""触类旁通""深入浅出"，而其中的关键就是"通"——理论和实践相通，过去和现在相通，不同学科之间相通，学科内的知识相通。这个案例提醒我们，教师的课要讲得高效、精彩，就得建立在"通"的基础上。高中数学教材的主编寄语中有一段话写得非常好[①]：

在这套教科书中出现的数学内容，是在人类长期的实践中经过千锤百炼的数学精华和基础，其中的数学概念、数学方法与数学思想的起源与发展都是自然的。如果有人感到某个概念不自然，是强加于人的，那么只要想一下它的背景，它的形成过程，它的应用，以及它与其他概念的联系，你就会发现它实际上是水到渠成、浑然天成的产物，不仅合情合理，甚至很有人情味。

---

① 人民教育出版社：《普通高中课程标准实验教科书·数学1必修A版》，人民教育出版社2007年版。

这段话中的"背景""形成过程""应用""与其他概念的联系"说明教学中的任何一个知识都与社会实践及其他知识有关联，这种关联体现在三个方面：与生活通联、学科内知识通联、学科间知识通联。

1. 通联生活

知识源于生活，"生活"在这里有两个含义，一是指人类为了生存、发展、娱乐而进行的各种活动；二是基于这些活动所生发的人生体验。知识与生活的通联表现在：学科知识描述、解释与人类生活相关的事物和现象，在此基础上优化人类的生存和发展。中小学教育中的学科可分为三类：自然科学、社会科学、艺术。物理、化学、生物、地理是典型的自然科学；历史、思品、体育是典型的社会科学；文学、音乐、美术是典型的艺术学科。下表总结了这些学科如何与生活形成关联。

	与生活的关联	
	描述与解释	优化生存与生活
自然科学	各种自然事物的发生与发展、构成与性质，以及它们之间的关联。	对自然进行适应性改造；设计、研发各种产品、器具、工程。
社会科学	社会事件、社会现象、社会关系的发生发展及它们之间的关系。	在优化社会制度和社会关系的基础上，生成各种社会性产品和支持系统，如教育、医疗、文娱。
艺术学科	基于情感的驱动，以"有意味的形式"再现或表现世界的样貌、真相、本质及人的情感反应。	创作高品质的艺术作品，呼应人们的情感需求，为人们提供精神、心灵的愉悦和满足。

以化学课程为例，我们来看其教学内容与生活实践的关联多么紧密。美国教材《社会中的化学》的内容共包括 8 个单元：水的供给；维护我们的化学资源；石油：用于建设还是燃烧；了解食物；我们世界中的核化学；化学、空气与天气；化学与健康；化学工业：作出的承诺与面临的挑战。再看

英国的"索尔特初级化学课程"，包括了 16 个单元：衣着；饮料；食物；金属；取暖；运输化学品；建筑；食物制造；农业；保洁；矿物；塑料；燃烧和化学键；今天和明天的能源；抵抗疾病；电化学。[①] 从这两本教材的内容可以明确感受到，化学知识一方面对生活中的化学现象进行描述和解释，另一方面用于改造自然，创造提升人类生活品质的产品，同时，这些化学知识也正是基于人类生活实践而产生和发展的。

数学相较其他学科而言，抽象性、形式化特点更明显。刘绍学在《证明的艺术》的序言中写道[②]：

> 人们创造数去记载物件的个数、长度、速度等，用多项式表述物理定律；用矩阵去做多种商品的价目表、去刻画几何中的变换；人们创造微积分，使得人们在研究几何图形和物理现象时有了强有力的工具。例如，根据物理定律，数学工作者通过计算能够判定某一从未发现的星体必将在某天某时在某方向上出现；数学世界在爱因斯坦的相对论出现之前已经准备好一种几何空间，刚好满足它的需要，我们日常生活中离不开的计算机也是先在数学世界中酝酿。

正如数学家华罗庚所说："宇宙之大，粒子之微，火箭之速，化工之巧，地球之变，生物之谜，日用之繁，无处不用数学。"数学一方面直接解决生活中的实践问题、解释具体现象；另一方面，数学广泛渗透在其他学科中，基于抽象、推理、模型，更精确、更深刻地表征和生成各个学科的知识，进而促成各学科更高效地应用于生活实践。例如，瞬时加速度是一个物理概念，如何表征和计算它？这就需要数学的介入，用极限和求导的方式解决这个问题。哲学与数学相似，具有超学科的性质，即与其他学科相比，是更上位的、更本质的对世界的认识，其中相当多的认识源于对其

---

① 参见王声榜：《贴近生活　贴近社会：高中化学课程改革的趋势》,《化学教学》2005 年第 1—2 期。
② 贺贤孝：《证明的艺术》，湖南教育出版社 2000 年版。

他学科知识的反思，因此可称为"知识的知识"。需要指出的是，数学和哲学虽然具有超学科特征，但如果溯源的话，其知识仍扎根于人类的生活实践中。

综上所述，生活实践可看作是知识的根源。教师在教学时应有意识地将知识与生活关联起来，促进学生更深刻地理解知识，当然，这也有助于学生学以致用。此外，本节所分析的知识与生活通联，除了要认识到诸多学科知识源于解决生活实践中的问题，还要认识到学科知识应与学生的生活体验紧密关联，这对社会科学尤其是艺术学科更为重要。

以语文为例，有一位语文教师问我，怎么给学生讲边塞诗——王昌龄的《从军行》。包括这首诗在内的所有文学作品，只要在时空和文化背景上与学生的生活经验存在距离，他们接受和理解起来都会有困难。在这种情况下，教师能做、也必须做的，就是拉近文本与学生的距离，让教学内容贴近学生的生活经验。

经典之所以能够流传千年，就是因为其中一定有永远动人却又常在常新的元素，而其关键就是恒久动人的生命体验。作者将其体验以艺术的形式表达于作品之中，感动了一代又一代的人们，古诗词教学就要以这个生命体验为切入点。王昌龄在《从军行》中写道："青海长云暗雪山，孤城遥望玉门关。黄沙百战穿金甲，不破楼兰终不还。"这首诗中永恒不变的生命体验包括：孤独前行、渴求建功立业、无畏的精神、浪漫的情怀。斗转星移，让古人和学生感动的具体事件和情境不同了，边塞、沙场、战争也都离学生很远很远，找到一个贴近学生生活体验的例子，使其能够深刻感受上述生命体验，是解读这首诗的关键。

2020 年初，中国爆发了新冠疫情，有一个群体——军人和医务工作者组成的"最美逆行者"冲在了抗疫的最前线。这是一场感天动地、荡气回肠的行动，他们奔向一座已经被封闭的巨型城市，城市中有凶险的病毒，有亟待救援的同胞，有极繁重的工作……这不是边塞，这分明又是边塞！我们的军人，我们的医务工作者，在中国传统新年本应阖家团圆的时刻，向着没有硝烟的战场出发了！汽车停运、火车停运、航空停运，偌大的机场和车站，只有这些逆行者在紧急出发。他们会担心吗？会害怕吗？会思念吗？也许会吧，应该会吧，但他们的脸庞显现出来的，却只有坚毅，只有义无反顾！雾锁的白日，漆黑的夜晚，向"边塞"挺进的逆行者，他们的眼里分明有"大漠孤烟"，也分明有"长河落日"！

2020年3月12日央视《新闻直播间》播出一段视频，湖北省妇幼保健院光谷院区危重症患者救治突击队队员、军医陆智杰，正在非常紧张地救助患者，大声指挥救助团队给患者做人工呼吸、插管、注射肾上腺素，当患者重新有了心跳、血氧饱和度恢复时，陆智杰像个孩子一样手舞足蹈、大声欢呼："上去啦，上去啦！"什么是豪迈和无畏，这就是豪迈和无畏！什么是理想和浪漫，这就是理想和浪漫！我们的军人，我们的白衣战士，他们都有自己的名字，但他们也都有一个共同的名字——"最美逆行者"！绝大多数最可爱的"逆行者"都默默无闻，但是山川记得他们，江河记得他们，"边塞"也记得他们！

2020年10月16日央视《焦点访谈》节目中，军事科学院系统工程研究院祁建城所长在接受采访时说："我们的帐篷实验室为陈薇院士提供了技术平台，《科技日报》发布了我们帐篷实验室的视频微博，题目是'雨雪压玉篷，篷中战病毒'。有些专家看到我们的实验室感动落泪，为什么感动？我想这就是表现出我们中国人民解放军'百战穿金甲，誓要破楼兰'的磐石决心！"[1]21世纪抗击新冠疫情的勇士们，吟唱着千年前王昌龄的《从军行》，向着"边塞"挺进、挺进！他们是征战沙场的王昌龄，是誓回中原的辛弃疾，是出使塞上的朝廷命官，是传统的中国士人，也是每一个敢向人生边塞挺进的人们！通过这样贴近学生的生活经验使其体会：边塞不仅是地理上的边塞，也是人生的边塞。边塞从来没有消失，边塞无处不在，我们要在人生的边塞征战，获得人生的力量与荣耀！总之，贴近学生经验要做两件事：第一，发现文本中永恒不变的、动人的元素；第二，呈现、创设学生熟悉的情境，调动学生的生活经验，使其能够对上述元素形成深刻的理解与共鸣。

---

[1] 视频见 http://news.cctv.com/2020/10/16/ARTIGxt01ZQpAunz15SD5VFL201016.shtml。

2. 通联学科内知识

我在培训时问教师们一个问题："为什么长方形的面积是长 × 宽？"这个问题看似很简单，很多教师却答不出来。问题的答案是：数学中计算面积，首先要界定面积单位，即衡量面积的标准量，面积单位的几何定义是边长为 1 的正方形，基于这样的定义，用长 × 宽计算长方形含括多少个边长为 1 的正方形，并以此表征长方形的面积。在此基础上，我们分别用割补法和分半法计算平行四边形和三角形的面积，再把梯形分解成两个三角形和一个矩形得到其面积计算公式。这个例子提醒我们，任何一个知识都有来龙去脉，都与其他知识存在关联，包括纵向的关联和横向的关联。

学科内知识的关联对教学有意义吗？答案是肯定的。搞清楚学科内知识的关联，我们就能看到知识从无到有、从少到多变化的过程，这将赋予知识以生长和生命的属性，知识因此而被活化和功能化。这样的关联能让学生体会知识从哪里来，为何而生；又向哪里去，为何而去，有助于让学生不仅知其然更知其所以然。如此，知识的属性和意义变得丰富，知识因此而拥有更多的"触角"，与学生已有认知结构形成更牢固的关联。

以数学、物理为典型代表的学科借助推演形成了错综复杂的知识体系，从一个知识点可以延伸出许多概念、原理、公式，知识之间有明确的关联关系，通过推演可以在已有知识上"生长"出新知识。当前，教师在教学中越来越多地使用思维导图来呈现知识、概念之间的关联，也要求学生利用思维导图对所学知识进行梳理，这当然是有价值的，但我们不能满足于将诸多概念以图表的形式呈现出来，而要关注概念生长的动力是什么，概念的发展与关联是如何形成的。包括：

– 当前所学知识的源头是什么，发生的动力及发展的过程是怎样的？

– 与之前的知识相比，当前所学知识解决了什么问题？

– 与当前所学知识关联的知识有哪些，这些关联是如何形成的？

– 当前所学知识的局限是什么，未来的发展是怎样的？

下图是初中数学有关"平面内直线之间的位置关系"这一部分的知识点

及其关系，从中我们可以看到知识之间纵向和横向的关联①：

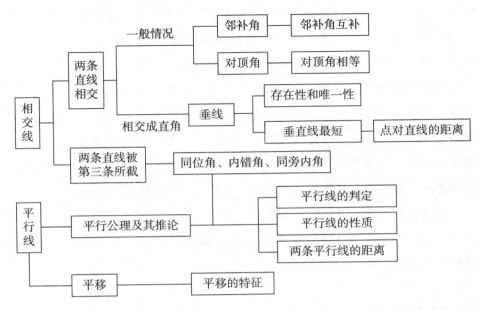

基于这样的梳理，教学中的知识不再是孤立的，它们之间形成关联的机制也被凸显出来。这显示了知识生长的逻辑、路径，还能让学生看到知识背后的思维模式，这样的教学超越了具体知识的传授，学生会有更多的收获。

社会与艺术类课程中的很多知识也可以溯源，如中国古诗、小说的发生发展脉络，某种艺术风格形成的过程，某些社会思潮的源起及发展，等等。在教学中将多重、多向的知识进行整合与通联，必然有助于学生更好地理解文学作品。例如，陶渊明在《饮酒·其九》中写道：

> 清晨闻叩门，倒裳往自开。问子为谁与？田父有好怀。壶浆远见候，疑我与时乖。褴褛茅檐下，未足为高栖。一世皆尚同，愿君汩其泥。深感父老言，禀气寡所谐。纡辔诚可学，违己讵非迷。且共欢此饮，吾驾不可回。

---

① 课程教材研究所等：《义务教育课程标准实验教科书·数学七年级下册·教师教学用书》，人民教育出版社 2004 年版。

此诗在立意、构思、素材等方面均模仿了屈原的《渔父》,两个作品中都有一个老人对他们自我放逐的生活感到不解,认为"举世皆浊"(《渔父》)"一世皆尚同",对他们提出了"淈其泥而扬其波"(《渔父》)"愿君汩其泥"的人生建议。陶渊明回绝了这样的建议,因为他"违己讵非迷",而屈原则极为清醒地表明了自己的心志:"安能以身之察察,受物之汶汶者乎?宁赴湘流,葬于江鱼之腹中。安能以皓皓之白,而蒙世俗之尘埃乎?"而这样的回答也是陶渊明的心里话,还是所有怀着"忧道不忧贫""无求生以害仁,有杀身以成仁"理想的中国士人的心声!由此可见,有了屈原作品的映照,学生必然会对陶渊明作品的精神内涵、艺术手法形成更深刻的理解。

总之,基于学科内知识的通联,我们得以向学生呈现"一棵有生命的知识树",这有助于让学生摆脱记忆片段知识的学习状态,以整体的、更具能动性、更高效的方式进行学习。

3. 通联学科间知识

本章开头有关音乐教学的案例,典型地体现了学科间通联的形式及其价值。刘老师将古诗和古琴巧妙地关联起来,为古琴弹奏赋予了深刻、丰富的内涵,诗中有乐、乐中有诗,给予学生极大的启发。

再看一个例子。某知名自媒体发布了介绍青台遗址的视频,我在很多教师培训课程中播放这段视频,无论什么学段,也无论哪个学科,几乎所有教师都对视频非常感兴趣。他们专心致志,不时露出会心的微笑,视频放完仍意犹未尽,课间休息时还会就自己不理解的内容向我求证或与同事讨论。下面是该视频中介绍青台遗址出土的星图的内容[①]。

> 郑州距离黄河8公里的青台遗址出土了一张星图,十个陶瓮摆在一起,其中七个是我们熟悉的北斗七星形状,旁边三个应该

[①] 视频见 https://www.iqiyi.com/v_19rud83iw0.html,文字略有删节。

是北斗星座附近的三颗暗星，在中国传统天文学中被称为弼星、辅星和相星。

按照甲骨文记载，从3500年前商朝开始，皇帝就在冬至这天祭祀，周礼明确规定，冬至日天子去首都的南方祭祀。这个传统被历代继承下来，大家看老北京地图，天坛就在城市的南方。1910年，只有五岁的溥仪就在冬至日去天坛祭祀。袁世凯也在1914年冬至，带领文武官员穿上古制礼服去天坛祭祀，次年就当上了皇帝。

星图的发现地点是一个4000平方米的祭祀广场，周围有一个类似于天坛的平台，星图上斗柄的方向对应冬至那天晚上的北斗指向。接下来我们回顾一下天文学的常识。地球绕着地轴旋转，从人类的视角看，日月星辰每24小时绕地球一周，只在北极和南极方向的星原地不动。所以用延时摄影的方式拍摄星空就会变成星轨，所有的星星都围绕北极星旋转，一晚上差不多180度；同时，地球还以年为周期绕着太阳公转，所以每过一个季节，一个星座的位置就要绕着北极星旋转90度。人类据此在天黑的时候观察某个星座的指向，就能判断季节和日期，或者根据季节判断到天亮还有多长时间，这对于没有日历和钟表的古人来说非常重要。

下面这张图是从河南省的位置看天空，不同季节的晚上六点时北斗七星的位置，中间的圆心是北极星。从这张图来看，北斗七星并不适合作为判断时节的依据——恰恰最需要星座的冬至前后（春、夏时可通过植物状况判断时节），北斗七星一部分被挡在地平线以下。但是五千年前的北极并不在现在的位置，地球在自转、公转的过程中，由于月球的影响，地轴的指向也在发生缓慢变化，以25800年为周期，在星空上扫出一个圆，这个变动叫岁差。五百年前的今天，麦哲伦的船队刚刚离开海岸进入大西洋，他头顶上的北极位置和现在已经相差近8度，达到肉眼就能看出差别的程度。大家看这张图，我们把时间前推5000年，也就是公元前 3000 年，我们的祖先在黄河岸边制造这座祭坛的时候，北极星是天龙座 α，比现在的小熊座 α 更靠近北斗星。接下来的 1000 年，直到形成天文学的商朝中期，北极越来越靠近北斗，古人每天晚上都可以看到北斗星在北极附近一个很小的圆形范围内旋转。3000 年前河南附近的人晚上六点观测不同季节的北极星，可以画成这样的图，北斗星是挡不住的，而且是最靠近北极星的一组亮星，非常适合当日历。

商朝之前的星空中，北斗星的旋转实在太明显，古人专门造了一种玉器——"璇玑"——表现北斗星的位置。所谓璇玑，就是北斗星座的天璇星、天玑星，玉器外形对应的是这两颗星在四个节气的星空位置。大家从这张星图可以看到，在公元前 3000 年的北极星和北斗星座之间，没有很明显的亮星，所以北斗星座就是北极附近最明显的星座，甚至可以代替北极星。孔子在《论语》里有一句话："为政以德，譬如北辰，居其所而众星共之"，北辰就是替代北极的北斗星座。

从孔子的时代到现在，北极的位置又逐渐远离北斗星座，所以后代的儒家认为北辰是北极星，否则没法解释为什么其他的星都围着它转。但实际上，"辰"字的本意是贝壳上一圈圈的生长线，引申为星空的旋转轨迹，北辰就是夜空中旋转最明显的星座，是文明早期最靠近北极的北斗七星。直到 21 世纪，我们在看电视剧的时候，还能听到"天上的星星参北斗"，这实际上是上古时代的天文观测记录。这句话的原型可能比大禹治水还要古老，没准就是青台遗址上某个人发明的。

历史、地理、文学、艺术，种种知识被有机地通联、整合在一起，我们从中学到了很多，也会有很多感慨，这样的教学发生在中小学的课堂上该有多好！颇有意味的是，这个视频的标题是《中国工程师动作太快，语文地理老师追不上了》。负责内容制作的人原来是一个工程师，他很敏锐地发现了青台遗址中星图的价值，通过多方面知识的梳理与整合，呈现了一个生动、完整的知识产品。这值得语文、地理乃至所有学科教师反思，在多学科间知识通联方面，我们是否真的落后了？！

人类从不同的视角、用不同的方法观察并探究自然和社会现象，这成为学科分立的重要原因。但是，不同的视角和方法面对的是同一个认识对象，不同学科知识从属于一个整体，它们之间存在着天然与必然的关联。教师备课时应有意识地将多学科知识关联起来，就像下面这位教师梳理了高中化学与生物、物理学科知识的关联[1]。

在必修模块中化学与生物学科密切相连的内容很多：①自然界碳、氮循环对维持生态平衡的作用。②尿液中葡萄糖的检测，淀粉的水解和水解产物的检验。③与化肥使用相关的测定土壤酸碱度，改良酸性、碱性土壤的一般方法。④酶的催化作用，蛋白质的性质。⑤粗盐的提纯。⑥测定市售食盐中是否含有碘元素。⑦海水资源及其利用。⑧放射性元素、放射性同位素在农业、医疗等方面的应用。

化学与物理学科也有密切的相关：①化学能转化为热能、电能。②不同种类电池的化学反应及其性能与用途。③新型合金、复合材料的性质与用途。④制造芯片的硅晶体的制造原理。⑤金属的电镀和电解。⑥氢原子光谱及玻尔理论有关知识、原子吸收和光谱分析。⑦晶体化学特征与其物理性质的关系，包括认识金属晶体、离子晶体、分子晶体和原子晶体。⑧煤气、液化石油气、煤等的化学反应与其热能利用。⑨焓变与熵变的基本知识。

由此可见，在教学中通联各学科间知识不是可选项而是必选项。俗语说"文史哲、理化生不分家"，即是强调多学科知识天然而又必然的关联。我们可以从不同的学科视角审视某个知识，为知识赋予多重属性，也为学生提

---

[1]　燕校龙：《高中化学新课程跨学科教学的研究》，山东师范大学 2006 年硕士学位论文。

供了从多个角度对知识进行认知加工的机会。此外，当前教学提倡和推行的STEM教育、项目式学习、探究式学习、综合实践活动等，共同特征是强化学生的学以致用，鼓励其面对真实的问题和任务，而真实的问题和任务往往是泛学科的，需要多学科知识之间的通联。

学科内、学科间知识通联要求教师既应是一个"专家"，也应是一个"杂家"。对此，北京大学教授钱理群说[①]：

> 教师应该是"专家"。中学教育，中学语文教育，都是一门学科，因此有一个专业化的问题，教师理应是中学教育的专家，语文教师理应是语文教育的专家。但对语文教师而言，除了中学语文教育学之外，还应有具体的语文业务，按我的理想，各个老师还应该在其中的某一领域有自己的专长，以致专门的研究。记得50年代我在南师附中读书时，我们的语文老师就是各钻一门，各有所长的：有位老师精通语法，另一位熟谙古典诗词，自己也写得一手好诗词，还有一位对新文学有很高的造诣。这样，他们在教学中也是各显神通，对学生有不同影响：我对鲁迅的爱好，就可以说是那位新文学研究者的老师着意培养的结果。

> 教师还应当是"杂家"。记得鲁迅当年曾批评，"文学青年往往厌恶数学，理化，史地，生物学，后来变成连常识也没有，研究文学固然不明白，自己做起文章来也糊涂"。我在《新语文读本》编写工作中，提出了"文理交融"的教育理想，并据此指出，"审美和求知是人类自在的天性，与生俱来"，只是后来的分工"使科学与艺术异径而走，分工也分化了人们的心智"，并强调"随着社会的进步，科学的发展，人文科学、自然科学的融合，将是一个必然的趋势，这也从根本上促进真、善、美的接近"。

教师在教学时需要有意识地思考：我教给学生的这些内容，它的起源、

---

① 钱理群：《做教师真难，真好》，华东师范大学出版社2009年版，第131–132页。

发展历程是怎样的，与其他领域的知识有怎样的关联。为此，教师要看一些学科理论书籍，尤其要储备学科发展史方面的知识。此外，教师还可以关注一些学科发展方面的历史轶事，这些故事不但有趣，而且对于把握知识的发生发展状况很有好处。还有，教师需要追踪学科知识发展的前沿，对学科前沿的把握越透彻，就越能够深刻理解学科知识发展的脉络。基于学科关联即做"杂家"的要求，教师要阅读所教学科之外的多方面的书籍、资料，对这个世界葆有好奇心，并且主动接受和学习方方面面的知识，在教学中发挥多学科知识整合 1+1>2 的优势，从而通过"他山之石攻玉"的方式更好地优化教学效果。

第二辑

把握教学形式

第一辑——把握教学内容——有关教学的目标和内容，分析了期望通过教学使学生获得怎样的收获与成长。这一辑"把握教学形式"探讨通过怎样的教学形式实现教学期望、达到教学目标。

　　有的教师对教学内容的理解是相当深刻和高水平的，但他不一定是好的教学者，就像一个数学家不一定是好的数学教师，这是由于教师没有把握恰当的教学形式。好的教学形式对优化教学效果非常重要，总的看来，教师把握教学形式可从以下五个方面入手：

　　引——引导与驱动

　　问——问题与提问

　　比——比较与举例

　　动——活动与互动

　　趣——兴趣与情趣

第六章　引——引导与驱动

我们反对生硬灌输的教学，所谓"生硬"，就是不顾及学生的基础与感受，把学生当作知识的容器，学生被动接受知识，被动完成教师的要求。《论语·子罕》中记载孔子的学生颜渊感叹："夫子循循然善诱人，博我以文，约我以礼，欲罢不能。""循循然善诱人"即体现了孔子引导学生的功夫。教师在教学中善于引导，就会使学生的学习"欲罢不能"，这实在是教学的高妙境界。

对学生进行引导的目的是什么？如何对学生进行引导？概言之，引导的目的是让学生明确学习内容的意义和价值，提升其学习的主动性，激发其思维的活性。

总的说来，教师可从情感唤起、思维调动、资源准备三个方面入手优化教学的引导和驱动。

1. 情感唤起

情感是人对客观事物是否满足自己的需要而产生的态度体验，它有两个性质对教学有重要意义，一是定向作用，二是动力作用。情感和个体的需要相关联，当需要得到满足时，个体产生积极情感，反之则产生消极情感。前者意味着愉悦的感受，会让我们趋向可能带来积极情感的事物；后者则意味着痛苦的感受，会让我们避开可能带来消极情感的事物，这即是情感的定向作用。基于此，教师要有意识地唤起学生的积极情感，使其能够趋向教学内容，并产生亲近感，这是学生积极投入学习的前提。

学习需要长期、持久的努力，学生在这个过程中一定会遇到困难、面临压力，这意味着学生需要源源不断的、强大的动力使自己能够坚持下去。情感是学习动力最重要的生发器，生活中无数例子鲜明地显示，当个体对某件事产生强烈的积极情感时会生发强大而持久的动力。一个人但凡有爱好、执著乃至痴迷的事情，背后一定有强烈的积极情感的支撑，这即是情感的动力作用。

情感唤起与导向是教学启动的关键，只有唤起学生对学习正向、积极的情感，才能让学生产生积极的学习期待和充沛的学习动力。我们来看一个例子，我的学生在作业中分享了他的一段"高四"生活。

> 高考失利后我选择了复读。回想那段复读的日子，即使现在我没有在北师大，我也不会感到遗憾，因为那是我高中生活中最快乐、最充实的日子，让我受益匪浅。
>
> 很庆幸选择了一所适合我的复读学校，班里一共39个同学，相比以前80个人的班级，让人感到宽松和舒适。同学们来自十几个不同的县区，有着不同的性格和经历，课间用各自的方言进行沟通，这些都让这个集体变得很吸引人。
>
> 老师来自不同县区，有不同的口音、不同的教学风格，给我们的"高四"生活增添了多样的色彩。胖乎乎又幽默的数学老师总是在欢乐气氛中引导我们思考、讨论；门牙和皮肤一样黝黑的地理老师总会在上课铃响起后等我们吃完早点再开讲；我们称作"爷"的历史老师会用最亲切的陕西话对我们说，"娃呀，这背不会咋能行么"；已四十多岁但穿着、言谈仍很时尚的英语老师总能让我们的课堂充满新鲜感；还有像妈妈一样慈爱的语文老师；连略带严厉的政治班主任老师，也会在周六晚上假装忽视我们在教室里看电影。
>
> 在欢乐气氛的带动下，我们的心情变得轻松、愉快，学习似乎像玩儿一样有用不完的劲。高考成绩出来那天，班主任群发短

信：全班 39 个同学，全部上二本线。我们的智力很一般，我们的努力也赶不上那些刻苦的学生，我知道创造奇迹的是轻松愉快的学习氛围，以及关爱我们如子女般、亦师亦友的教师团队。

"高四"生活竟然是这样的！轻松愉悦的学习氛围成为学生取得好成绩的关键因素。在这样的氛围中，学生积极的情感体验被唤起，并因此而充满优质的学习能量——"学习似乎像玩儿一样有用不完的劲"。

总的说来，积极情感的唤起要建立在以下因素的基础上：

– 良好的师生关系。师生关系是教学中最重要的人际关系，"亲其师信其道"，处于良好师生关系中的学生才能接受教师的指导，否则就会产生抵触心理。

– 明确并内化学习的意义。学生只有明确学习的目标、意义，并且将此内化为自己的信念，才能产生强大的学习动力，克服学习中的困难和挑战。

– 学生有安全感。安全感是形成积极情感的一个重要因素，学生在课堂中感到安全、自在是其主动投入学习的前提。在富有安全感的课堂中，学生被平等对待，能够自由表达自己的想法，不因自己的不足而被教师或同学嘲笑。

– 学生感受到积极反馈和高期望。教学反馈包括作业批改、言语回应、肢体动作、表情眼神，等等，给予学生反馈本身就能让学生感觉自己被教师关注与关心，这会有效提升学生学习投入的程度。积极反馈意味着教师能够及时发现学生的优势与进步，给予学生肯定和表扬；在学生需要帮助时提供指导和建议，使学生明确努力的方向。同时，学生懈怠、表现不佳时教师也应当给予提醒甚至批评，这对学生来说也很重要，显现了教师对学生的高期望，能够有效地激发学生的学习动力。

总之，"兵马未动，粮草先行"，情感唤起就是教学中的"粮草先行"，是实施高效教学的基础。此外，学生正向、积极的情感不仅是高效学习的基础和保障，也是重要的教育教学成果，是我们希望学生在基础教育阶段养成的心理品质，这对学生未来成为一个终身热爱学习的人很重要。

2. 思维调动

学生学习的核心是对知识进行思维加工，而思维能力的提高也是教育教学的关键目标。同时，学生的思维只有被充分调动起来，他们才能摆脱被动听讲的状态，主动对知识进行认知加工。我们来看大昆虫学家法布尔自述其幼年时的经历[①]。

> 在黑夜的树林里，有一种断断续续的叮当声大大地引起了我的注意。身边的无限美丽，若是留意它，就一定会有不小的发现。在寂静的夜里，是谁在发出这种声音？是不是巢里的小鸟在叫？还是小虫子们在开演唱会呢？我站在那里守候了许多时候，什么也没有。后来树林中发出一个轻微的响声，仿佛是谁动了一下，接着那叮当声也消失了。第二天，第三天，我再去守候，不发现真相决不罢休。我这种不屈不挠的精神终于获得了回报。嘿！终于抓到它了，这一个音乐家已经在我的股掌之间了。它不是一只鸟，而是一只蚱蜢。这就是我守候了那么久所得到的微乎其微的回报。不过我所得意的，倒不是那两只像虾肉一样鲜美的大腿，而是我又学到了一种知识，而且，这知识是我亲自通过努力得来的。

这对幼年的法布尔来说是一个多么重大的发现，而法布尔没有将这个付出很多努力才发现的秘密告诉任何人，为什么？因为之前还发生了一件事。

> 我把脸转向太阳，那炫目的光辉使我心醉。我的脑海里就突然冒出一个问题：我究竟在用哪个器官来欣赏这灿烂的光辉？是嘴巴？还是眼睛？请读者千万不要见笑，这的确算得上一种科学

---

① ［法］法布尔：《昆虫记》，郭漫改编，航空工业出版社 2011 年版，第 126 页。

的怀疑。我把嘴也张得大大的，又把眼睛闭起来，光明消失了；我张开眼睛闭上嘴巴，光明又出现了。这样反复试验了几次，结果都是一样。于是我的问题被我自己解决了：我确定我看太阳用的是眼睛。多么伟大的发现过程啊！这是一个多么伟大的发现啊！晚上我兴奋地把这件事告诉大家。对于我这种幼稚和天真，只有祖母慈祥地微笑着，其余的人都大笑不止。

原来法布尔没有把有关蚱蜢的"重大"发现告诉别人，是怕又像上次"思考光明"那样遭到别人的嘲笑。法布尔感慨："所有思考者都是生下来就怀疑一切吗？——我以为是！"从这个案例我们可以看到，当个体的思维处于活跃状态时，他可以焕发多大的学习能量！因此，教师一定要注意在教学启动阶段充分激发学生思维的积极性。我们来看一位生物老师在教学启动阶段如何调动学生的思维①。

在每节课的开始，我都创设与教学内容有关的有趣的教学情景，努力做到一开始就把学生的注意力吸引到课堂教学中来，浓厚的兴趣会使学生产生积极的学习态度，并以渴望、积极的心态投入到课堂学习中去。例如，学习《人的性别遗传》时，展示受精卵、男孩、女孩的图片，教师提出问题：同样是受精卵，为什么有的发育成男孩，有的发育成女孩？学生根据已有的知识和生活经验，做出各种假设：可能是受精卵内的遗传物质不同；也可能是受精卵在发育过程中发生了变异。学习《输血和血型》时展示图片，第二次世界大战时德国士兵伤亡很大，他们对重伤员进行输血抢救，有些伤员输血后转危为安，而很多伤员输血后却加速死亡，这是为什么？一些学生马上想到可能是由于血型不合造成的，并进一步联想到自己是什么血型，怎样检验血型，现在医院是怎么输血的等一系列的问题。学习《生物进化的原因》时，

---

① 杨玉华：《构建快乐的生物课堂是实现有效教学的重要举措》，《现代教育科学》2009 年第 10 期。

展示各种恐龙的图片，然后提出问题：恐龙曾经作为地球的"霸主"达一亿年，但是，它们却在六千多万年前神秘地从地球上消失，恐龙为什么会灭绝？学生做出各种假设，有的学生说恐龙灭绝可能是不能适应当时的环境变化，还有的学生说，可能是行星和陨石撞击地球造成尘埃飞扬、遮天蔽日，导致生物的大量死亡，等等。

把学生的思维调动起来，充分激发学生的好奇心，让学习变成满足好奇心的过程，这会大大增强学生学习的有效性和趣味性。调动学生思维最有效的方法就是提出学生感兴趣并愿意去探究的问题。例如，最近网络上有一个话题引发网友热烈的讨论。这个问题是：当前中国的 GDP 是印度的 5 倍，可是这几年印度 GDP 的增速比中国快，如果增速一直高于中国，印度 GDP 会赶上或超过中国吗？由此形成两派意见：一派认为即使印度增速快，可是中国 GDP 比印度大太多，如果增速差异不是极大，印度的 GDP 不仅赶不上中国，差距还可能会越来越大；另一派认为只要印度 GDP 增长速度每年都比中国快，就一定会追上并超过。

如果教授对数知识，这是一个可用于激发、引导学生思维的好素材。我在教师培训时曾利用此素材尝试调动教师的思考。在教师对上述两种说法莫衷一是时，我进一步提出了两个分别支持不同观点的材料：

– 假设印、中 GDP 分别为 2 和 10（模拟二者实际 GDP 的量比，后者是前者的 5 倍），2 增加 10% 是 2.2，10 增加 8% 是 10.8，差距从 8 扩大到 8.6，这是否证明了只要 GDP 增长率差异不大，印度 GDP 不仅赶不上中国，甚至差距还会越来越大？

– 日本 GDP 也曾远远高于中国，1991 年中国 GDP 只有日本的 11.9%，而到了 2020 年，中国 GDP 已是日本的 3.6 倍！这是否能说明只要印度 GDP 增长率每年都比中国高，总有一天会赶上并超过中国？

这两个材料好像都有道理，教师们此时更加迷惑了，同时其好奇心也更强了。在此基础上，我引导教师运用对数知识解决该问题（如图所示）。

$$G_{中}(1+Z_{中})^n = G_{印}(1+Z_{印})^n$$

$$\frac{G_{中}}{G_{印}} = \frac{(1+Z_{印})^n}{(1+Z_{中})^n}$$

$$\sqrt[n]{\frac{G_{中}}{G_{印}}} = \frac{1+Z_{印}}{1+Z_{中}}$$

$$\frac{1}{n}\lg\frac{G_{中}}{G_{印}} = \lg\frac{1+Z_{印}}{1+Z_{中}}$$

$$n = \frac{\lg\dfrac{G_{中}}{G_{印}}}{\lg\dfrac{1+Z_{印}}{1+Z_{中}}}$$

在这些公式中，$G_{中}$ 和 $G_{印}$ 分别是中、印两国当前的 GDP，$Z_{中}$ 和 $Z_{印}$ 分别是中、印两国 GDP 每年的增长率。要判断印度 GDP 能否赶上中国，就要假设如果 n 年后两国 GDP 相等，判断 n 是否存在。通过对数运算我们可以看到，n 的表达式中，分子是正值，只要 $Z_{印} > Z_{中}$，分母也是正值，n 即是存在的，也就是说只要印度 GDP 每年的增长率大于中国的增长率，无论当前中国 GDP 领先印度多少，印度 GDP 总会赶上中国。只不过当印度 GDP 增长率领先中国幅度很小的话，分母会趋近 0，n 的数值就会极大，即印度 GDP 要很多年才能赶上中国。

可以想象，如果我们在教学中直接讲授对数知识，很多学生可能对此不感兴趣或被动接受，学习基础薄弱的学生很有可能放弃学习。如果能提出有趣的问题，就会对学生的学习形成积极的引导，激发学生的好奇心和求知欲，促使其积极主动地理解与应用知识。总之，在教学中通过好问题激发学生思考是优化教学引导的重要手段，关于如何提出好问题可参考下一章的内容。

3. 资源准备

教师要在教学中实施有效的引导和驱动需要做好准备，这就像一个好导游，绝不是赤手空拳、脑袋空空就可以带游客上路了，他必须充分把握旅程中的资源，制订详细、妥帖的游行计划，对可能出现的突发状况有各种预案。

在一次校长培训中，重庆璧山的刘荣海副校长分享了其作文教学案例，主题是"用心观察：做生活的有心人"。下面是刘校长在这堂作文课中所用的几页 Power Point，我们可体会他的教学准备多么充分。

P1①：一年好景君须记，最是橙黄橘绿时——引子

上课当天的早上，刘校长在去学校的路上经过一片橘园，拍下了黄绿相间的橘子挂在枝头的照片，并且配上了苏轼的诗。这非常贴合教学主题，提醒学生体验和观察很重要，生活中到处都有美，到处都有写作的素材，只是有时候我们缺乏发现美的眼睛。

P2：寻常一样窗前月，才有梅花便不同——导入

刘校长在这句诗后呈现了学生的一篇习作。

修鞋匠老杨（片段）

鞋摊前时常看见一个瘦小的身子蹲在那里，一会儿手握剪刀嗞嗞地裁剪皮革，一会儿手握锉刀咯吱咯吱地锉鞋底，一会儿手摇扎线机咔嚓咔嚓地扎线，一会儿手握针钻"咬牙切齿"地拉扯鞋底的线头，一会儿又传来几声咳嗽。老杨总是穿着那件褪了色又补过线的"休闲服"，替别人修补过那么多皮鞋雨靴，自己的脚上却总是趿一双凉拖鞋。他身旁的鞋子，都堆成了一座小山。雨天，那些鞋子上还沾着泥垢，他用覆在膝盖上的围布把泥垢擦去，再看鞋子是什么地方坏了，戴着老花镜子仔细审视。若是急用的，等着鞋子穿的人，老杨就递过一条小木凳，用袖子擦干净，让人坐下，还用一块纸板垫在那人的脚板下面，他则赶紧替他修补。

---

① P1 指第一张 Power Point，后面的文字是该 Power Point 上的标题或主要内容。

尽管等的人催得紧，他还是一丝不苟，从不马虎。

鞋补好了，让人试穿一下，问问人家硌不硌脚。等人家满意而去，他才取下耳廓子上别人递给他的不知什么牌子的香烟，点燃，衔在嘴上，又去收拾下一双鞋子了。

普通的鞋匠，普通的场景，为什么变得这么动人？刘校长对此进行讲解：因为作者藉由仔细观察表现了这个普通场景的特别之处！这正是诗句"寻常一样窗前月，才有梅花便不同"的意思：今晚的月光与从前所见没什么两样，只是有了梅影的衬托，才显得与往常不一样了。

P3：问渠那得清如许，为有源头活水来——点题

有了前面的铺垫，刘校长以这句诗引出了本节课的主题——"做生活的热心人，学会观察生活"。他告诉学生用一颗热爱生活的心和一双敏锐的眼睛观察生活，这才是写好作文的基础，才能为作文积累好的素材。

P4：沾衣欲湿杏花雨，吹面不寒杨柳风——抓住对象特征

这句诗为学生示范如何抓住被观察对象的特征。"杏花雨"，早春的雨；"杨柳风"，早春的风，这样写比"和风细雨"更有美感，更有趣味。用衣裳似湿未湿来形容初春细雨似有若无，更有画面感，更有意味，尤见体察之精微，描摹之细腻。

P5：横看成岭侧成峰，远近高低各不同——多角度、多层次描写

刘校长具体讲了"视、听、嗅、味、触；动静、正侧、远近、总分、比较、换元、移步、异时"等观察方法，极好地体现了这句诗的内涵。

P6：忽如一夜春风来，千树万树梨花开——展开想象和联想

刘校长为这页 Power Point 配了一张北方冬季的照片：一望无际的白雪，树木银装素裹，真是"千树万树梨花开"！观察所得到的素材经过想象的加工变得生动有趣，让人印象深刻。

P7：我见青山多妩媚，料青山见我应如是——倾注主观感情

人与青山互观互赏，互猜互解。既然在人世找不到知音，或许，青山能洞悉诗人的心事吧。刘校长提醒学生，客观事物一旦进入我们的眼睛，我们内心的情绪情感就会被激荡起来，此时不仅要观察客观事物，也要观察自己内心的情绪情感，从而达致物我合一的境界。

P8：千门万户曈曈日，总把新桃换旧符——不拘一格、大胆创新

创新是写作永远的追求，观察不但要有想象力，还要有创造力，观察要体现新立场、新视角，这样所获得的素材才能为富有创新性的写作奠定基础。

P9：生活处处皆美景，愿君常做有心人——结语

刘校长引用了朱光潜先生在《慢慢走，欣赏啊！》一文中的一段话："阿尔卑斯山谷中有一条大汽车路，两旁景物极美，路上插着一个标语牌劝告游人说：'慢慢走，欣赏啊！'许多人在这车如流水马如龙的世界过活，恰如在阿尔卑斯山谷中乘汽车兜风，匆匆忙忙地急驰而过，无暇回首流连风景。于是这丰富华丽的世界便成为一个了无生趣的囚牢。这是一件多么可惋惜的事啊！"刘校长将"慢慢走，欣赏啊！"几个字放大，并且配上一幅图画——美丽的夕阳下一条蜿蜒的山间道路。这似乎在提醒学生，提醒我们每一个人，美景易逝，要仔细欣赏，多多珍惜啊！

P10：只恐夜深花睡去，故烧高烛照红妆——升华

最后一页，刘校长以低沉缓慢的声音读苏轼的《海棠》。当月华再也照不到海棠的芳容时，诗人顿生怜意：海棠如此芳华灿烂，怎忍心让她独自栖身于昏昧幽暗之中呢？这蓄积了一季的努力而悄然盛放的花儿，若无人欣赏，岂不让她太伤心失望了吗？此时屏幕上再次出现"慢慢走，欣赏啊！"刘校长缓慢而又凝重地念了两遍。此时，我和听讲座的50位校长，凝神屏气，完全被吸引、被感动了。

显然，刘校长为这节课做了充分的准备，教学的目标、内容、过程、资

源等非常好地匹配起来。刘校长表现得像一个从容不迫的将军，在充分准备的情况下带领自己的士兵"攻城略地"。因此，充足的、高质量的教学资源就像教学旅程中的一个个方向标和补给站，教师据此能对学生进行有效引导，激发学生的学习动力。

教育学的英文是 pedagogy，而教学的英文是 teaching，二者有所不同。pedagogy 源自希腊语 pedagogue，原意指担任监护任务的奴隶或卫士，其职责是指引（agogos）孩子去上学。这是最初的教育思想——将教育与"引路"联系起来，陪伴孩子并为他们指引方向、提供保护。这个有关教育的初心值得我们关注，教师不仅是教给学生知识的人，更是关心、指引、鼓励学生的人。对此有研究者指出 [1]：

> 在引路或指引方向的思想中包含了一种留心和鼓励意义上的"牵手"。"这儿，牵着我的手！""来吧，我来指给你这个世界。去那个既是你的世界，也是我的世界的道路。我知道做孩子的滋味，因为我去过你现在去的地方。我曾经也是孩子。"……带路意味着率先走在前面。因为我走在前面，你就可以相信我，因为我已经探试了前面的道路，我是过来人。我现在知道了走向长大成人和创造你自己的世界的道路中的收获和陷阱。尽管我率先走过去并不能保证你的成功（因为这个世界不是没有冒险和危险的），但是在教育中，有一种更基本的承诺：不管发生什么，我都在这儿。你可以相信我。

本章所分析的"引"使得教师角色、教学姿态和师生关系发生变化，教师不再是知识的传授者，而是学习的引领者，他在乎学生的想法和感受，他激发学生的动力并与学生的步伐协调起来，他以学生的收获和成功来调整、评价自己的教学。教师和学生们一起携手"在路上"，他们有着共同的愿景，共同面对困难与挑战，共同分享学习的成功与收获。

---

[1] ［加］马克斯·范梅南：《教学机智：教育智慧的意蕴（第2版）》，李树英译，教育科学出版社2014年版，第36-37页。

第七章　问——问题与提问

我在教师培训时多次提出这样一个问题："宇航员在太空为什么会失重？"95%以上的教师都会答错，而且是同样的错误答案——"因为宇航员离地球太远了，地球引力太小或失去地球引力了。"我会给老师呈现两个生活中的现象：一，用绳子拴着小球甩起来，小球做圆周运动，如果把绳子剪断，小球会飞出去，不能再作圆周运动；二，小华拉着小敏转圈，小敏越重，旋转的速度越快，小华就需要越大的力气拉住小敏。基于这两个现象，下面是我和老师之间的问答。

> 我：小球和小敏为什么能作圆周运动？
>
> 师：因为绳子和小华的拉力，绳子和小华分别拉住了小球和小敏。
>
> 我：宇航员和宇宙飞船为什么能绕着地球作圆周运动？
>
> 师：地球对宇航员和宇宙飞船的引力拉住了他们。
>
> 我：如果没有地球的引力，或引力不够大会怎样？
>
> 师：宇航员和宇宙飞船不能再作圆周运动，会"飞出去"。
>
> 我：可是你们刚才说宇航员在太空失去了地球引力呀？

教师们的好奇心被充分调动起来。在此基础上，我带着老师们分析失重的现象、本质、条件。无论哪个学段，也无论哪个学科，几乎所有老师都听得很认真。还有老师在培训后对我说："赵老师，如果上中学时老师这么教物理，我可能也会喜欢物理。"

由此例可见，教学中高质量的提问是优化教学的重要方法。有研究者对专家教师与新教师的课堂教学进行了比较，其中有一项是对提问的研究，结果表明二者在这个方面存在着显著差异[1]。

专家教师和新教师在提问和反馈策略上的差异比较

变　量	专家教师	新教师
过程性提问	5.91	1.29
结果性提问	17.42	6.25
学生回答正确教师表扬	4.26	0.32
正确答案后教师提出新问题	2.93	0.25
把正确答案融入到讨论之中	3.25	0.60
正确答案—无反馈	0.38	0.06
错误答案—教师提出新问题	0.41	0.07
错误答案—过程性反馈	0.28	0.09
其他学生的回答作为反馈	1.00	0.28

（表格中数据为平均一节课该行为发生的次数）

在教学中能够提出好问题，利用好问题驱动并优化教学，是专业教师的基本功。总的说来，教学中提出好问题的价值体现在三个方面：

第一，驱动教学。人类在发展过程中面对方方面面、各种各样的问题，正是在解决这些问题的基础上，人们对自然、社会、自我形成认识，改造了外部世界和人生，进而把这种认识和改造集聚为中小学课程中的知识。因此，我们在教学时可（应）采取逆向操作，即不直接把知识讲给学生，而是提炼出驱动知识生成的问题，让学生在解决问题的过程中获取知识。

第二，激发兴趣。好问题可以有效激发学生的好奇心，被好奇心驱动的学习行为最为高效，也最为愉悦。

第三，师生互动的载体。提问是一种姿态——教师想要、愿意和学生交流，想知道学生怎么想、怎么说，这能让学生感受到老师在乎他们的想法。

---

[1]　杨翠蓉：《小学数学专家教师和新教师教学过程中的认知比较研究》，华东师范大学 2006 年博士学位论文。

学习前，教师可以通过提问了解学生的知识基础；学习中，教师可通过提问驱动学生学习；学习后，教师可通过提问检验学生对学习内容的掌握程度。因此，教师通过提问了解了学生的学习状态，进而可以实时、动态地调整教学进度和教学难度。

下面我们对问题的类型及提问的策略进行分析。

1. 问题类型

我们可以从不同的角度，包括问题的内容、形式、思维特征、范围等对课堂提问的类型进行区分，教师可根据教学内容提出多样化的问题以促进学生的思考。

● **是什么、为什么、怎么办**

人类时时刻刻面对"是什么""为什么"和"怎么办"的问题，中小学课程中的绝大部分知识，正是人类在解决这三类问题的过程中形成和发展的。因此，教师可有意识地对学科知识进行溯源，澄清它是解决哪类问题的结果，并据此提出问题，从而使学生有机会"重演"基于问题解决而获得知识的过程，并以此提升所学知识的活性与功能性。

本书第二章"高品质思维能力"中"优化理解"部分较为详细地说明了"是什么"与"为什么"问题的形式、实质及其在教学中的表现。一般而言，解决"是什么"的问题应从事物和现象的存在、组成要素、结构与关系、状态与特征、关联与背景、性质与意义等六个方面生成相应的问题。教学中"是什么"的问题可分为"概念型"和"概括型"两类。前者基于概念的内涵提出问题，如"什么是化合物？""化合物是纯净物吗？"；后者需要学生进行概括和总结，如"这段话主要讲了什么意思？""作者的观点是什么？""这篇文章的观点和我们原来学过的某篇文章有哪些异同？"

解决"为什么"的问题，核心是发现事物之间的关联或探求因果关系。上述有关"是什么"的六个方面，都可以相应地提出"为什么"的问题：

- 它为什么会存在、出现、发展？
- 它为什么会由这些要素构成？
- 它的构成要素为什么形成这样的结构和关联？
- 它为什么具有这样的状态与特征？
- 它（背景与相关因素）为什么对它有重要影响？
- 它为什么具有如此重要的地位？

如果我们想要实现某个目标、改变现状、生成工业产品或社会产物，就要面对和解决"怎么办"的问题，其关键思维活动是"发现""发明""创造"。某种意义上，如果我们已经解答了"是什么"和"为什么"的问题，就能够解决"怎么办"的问题。例如，远距离电力输送面临一个必须解决的问题：由于线路存在电阻，会消耗电能，在线路长度长至几千公里时，线路上消耗的电能不可忽视，因而会有"怎么办"的问题——如何减少线路的能量损耗？为了解决这个问题，我们需要知道若干"是什么"和"为什么"：发电机的功率是一定的，$P=UI$（P、U、I 分别为发电机的功率、电压、电流），电压越高电流越小；输电线路有电阻（R），会消耗电能，线路的电能消耗率 $P_{线阻}=I^2R$。基于已经知道的这些"是什么"和"为什么"，有两个选择可以降低线路的能耗，一是降低电阻，二是减小电流。降低线阻要么增加线材半径，即加粗线材，要么改用电阻更小的线材；而在发电机功率一定的情况下，通过升高电压可以降低电流。由此可见，原理性、理论化的知识是我们解决问题的基础。例如，基于生理知识，我们可以在食物、运动等方面提出许多举措以提升个体的健康水平；基于化学知识，可以制作越来越多、越来越好的新材料；基于生物知识，可以提高农作物产量并优化其品质；基于艺术知识，可以在音乐、美术、文学等方面创作更好的作品。

需要指出的是，上述解决传输线路能耗问题的方法看起来简单明了：增加线材半径、用电阻更小的线材、提高电压降低电流，但这只是在科学原理层面解决了问题，可这是一个工程问题，实践层面还有许多有待解决的问题。例如，增加线材半径，会明显增加传输线材的重量，相应的就要增加高压传输线路铁架的用料或强度；选用电阻更小的线材，该线材有可能不易得，或成本很高；升高电压就需要制作超高压甚至特高压变压器和相应的变电站，这其中仍然有许多工程技术问题有待解决。因此，在实际解决"怎么办"的问题时，要考虑的条件很多，实际过程可能很复杂。同时，这也使得从"怎么办"的问题反过来可能生成更多"是什么"和"为什么"的问题，对此教师在教学时应给予高度重视。俗语说"百无一用是书生"，即是揶揄所谓的学问不接地气、不解决实际问题，纸上谈兵。因此，当前教学强调探究式学习、项目式学习、STEM 教育，让学生在完成具体任务的过程中进行学习（参考第九章"任务驱动"部分的内容），即系统考虑和统筹解决"是什么""为什么""怎么办"的问题。

● **直问、反问和设问**

直问——直接提问，问题与学习内容直接关联。如"为什么绝大部分植物的叶子都是绿色的？""为什么剧烈运动之后肌肉会觉得酸痛？""人和动物都需要消耗大量的氧气，这些氧气从哪儿来呢？"这些问题指向明确，用作驱动某个知识点的学习比较合适。

反问——从反面提问，答案就在问题中。反问用疑问来表示肯定或否定，其中往往蕴含强烈的感情。如在公民教育中讲到"反歧视"的内容，可以问学生"一个人既没有伤害他人，也没有伤害社会，仅仅因为其行为方式与众不同或特立独行，就应该被歧视、被谩骂、被侮辱吗？"这样的问题相比陈述句的优势在于，它既是一个激发学生思考的提问，同时也能够表达强烈的感情，从而吸引学生的注意力，给学生留下深刻的印象。

设问——自问自答。教师可以将其变为"师问生答"，如"摆的周期和摆长有关吗？和摆球的质量有关吗？"设问的答案可以是比较明确的、学生已经学过的知识。教师通过提问的方式给学生创造了表达的机会，让学生回忆曾经学过的知识，加深学生对所学内容的印象。此外，教学中的设问还有一个价值就是为师生互动创设了平台，使教师能够了解学生的想法，掌握学生的学习状态。

● 基于布鲁姆教育目标分类

布鲁姆教育目标分类，将认知任务和相应的教学目标分为六种：记忆、理解、应用、分析、评价、创造。[①] 教师可针对这六种任务提出问题，以促进教学目标的达成。各认知能力的内涵及提问示例见下表。

问题分类	思维技能	问题示例
记忆	识别、回忆、再认、提取	— 还记得上节课讲的单摆的特点吗？ — 波茨坦公告的主要内容和意义是什么？
理解	解释、举例、分类、概要、推论、比较、说明	— 谁能用自己的话说说你对这部分内容的理解？ — 关于"代偿机制"能举个例子吗？ — 这个现象和我们以前学过的哪个内容是相似的？ — 草原上如果没了鼹鼠将会发生什么？
应用	执行、实施、贯彻、使用	— 谁能用我们学过的"割补法"来计算这个图形的面积？ — 在这种情况下"牛顿第二定律"适用吗？
分析	区分、辨别、组织、特征提取、解构、结构化	— 这种现象的本质特征是什么？ — 为什么看起来类似的现象最后的结局却大不相同？ — 为什么骑自行车在结冰的路上转弯易摔倒？
评价	核查、评价、判断	— 这是"民族主义"的观点吗？ — 谁能谈谈对这个现象的看法？
创造	假设、设计、计划、创建	— 如何为电信部门设计一个针对不同人群富有吸引力的话费套餐？ — 如何基于实地调研设计一个富有创造性的地区旅游广告？

在布卢姆教育目标分类中，"理解"是关键，广泛而深入地渗透于其他认知能力中。例如，缺乏理解的记忆是机械记忆，基于这样的记忆获得的知

[①] 这是 2001 年修订的内容，1956 年首次提出的六个层次的教育目标分别为：记忆、理解、应用、分析、综合、评价。参见［美］安德森等编著：《布卢姆教育目标分类学：分类学视野下的学与教及其评测》，蒋小平等译，外语教学与研究出版社 2009 年版。

识往往是片段的、破碎的惰性知识。同样，如果对知识没有形成深刻理解，就不可能进行有效的应用、分析、评价、创造。因此，教师在提问时，一方面要强化促进学生理解知识的提问；另一方面，在提出有关其他认知能力的问题时，也要观照学生对知识的理解是否到位。

● **全局问题和局部问题**

各科课程标准都设置了不同级别的教学目标，包括：

－ 学科总体目标：该学科在义务教育或基础教育阶段要达到的总体目标，核心是学科思想和学科方法。

－ 学段目标：小学、初中、高中是三个基本学段，每个学段有不同的教学目标，其中有量的增长，更有质的区别。

－ 年级目标：每个年级有特定的教学目标，往往表达为具体的知识技能。同时，各学科教材还设置了单元目标，相对而言更加明确具体，同时各个单元之间又有紧密联系。学科总体目标和学段目标是全局目标，年级目标和单元目标是局部目标，二者的关系类似于爬一座高山——山顶是全局目标，攀爬的每一步是局部目标，要想到达山顶，需要一步一步的积累，而攀爬的每一步，又都朝着山顶的方向。

根据教学目标的级别，提问分为全局问题和局部问题——与全局目标和局部目标相关的问题。局部目标是教学的落脚点，全局目标是教学的着眼点，教学提问时应将与这两种目标对应的问题配置好。例如，人教社七年级下数学教材第一章的内容是"有理数"，在实现本章教学目标的基础上，教师也要考虑一些全局问题：

－ 有理数的起源是怎样的？

－ 有理数在生活实践中的意义和作用是什么？

－ 有理数的相关知识体现哪些数学思想？

－ 本章知识与其他数学知识有哪些联系，在初中数学知识体系中处于什么位置？

－ 有理数这个单元由哪些知识元素构成，它们之间的关系是什么？

– 学生是否已具备良好的基础学习这部分内容？

– 本册未涉及"无理数"，要不要给学生介绍？

这些全局问题的提出和解决是贯穿整个教学的线索，是明确教学目标、保证教学品质、贯通学科知识的基础。回顾本书第一章"高"和第五章"通"的内容，全局问题往往指向"高层次学科素养"和"高品质思维能力"，同时也体现了知识关联的要求，使教学能够超越片段的知识，有利于学生学科素养的提高。

如果说全局问题指出了教学的方向和目标，局部问题则明确了达到目标的路径和方法。例如，在"有理数"这一单元中，有负数的引入、负数的加减和乘除、有理数的乘方、绝对值等教学内容。在"为什么要引入负数"这一问题之下，教师可以提出更小的局部问题：

– 在生活中有比 0 还小的数吗？

– 如何表示一个比 0 还小的数？

– 负数只能表示大小吗？

– 往东走了 5 米用 5 来表示的话，往西走 5 米如何表示？

– 如果往西走 5 米用 –5 表示的话，–5 是否意味着比 5 小？

– 如果在这里正负表示方向的话，如何体现远近？

在这一系列局部问题的牵引下，学生得以理解负数的起源和功能、负数与生活实际的联系、为什么要引入绝对值，等等。

2. 如何提问

教师在教学中提出好问题需要策略和技巧，其关键在于以什么内容为载体提出问题，下面我们对此进行分析。

● 指向学习目标

每节课都有特定的学习目标，教师可针对学习目标直接提出问题。例如，科学课有一个单元的教学目标是："掌握鉴别岩石的简单方法，了解几种常见岩石的特征。"教师可以将此内容写在黑板上，告诉学生这就是本节课的学习目标。这是否算是"明确了学习目标"呢？算是，但不够好。学生的直接反应可能是："为什么要鉴别岩石？为什么要了解岩石的特征？"教师可给学生呈现一些材料并问他们一些问题，如：

- 你们去山区旅游的时候，有没有发现有些山石很漂亮，或很特别？

- 你们知道吗？科学家考证，这个地方几十万年前是海洋呢。他们是如何得到这个结论的——通过岩石！那么，科学家从岩石上获得了哪些信息呢？

- 你们知道最软和最硬的岩石分别是什么吗？

- 同学们，看这幅图，在这个风景区内有六种岩石，你能看出几种？

在这些问题的启发之下，学生们一定会对岩石产生兴趣，他们会相互讨论或发表自己的看法。教师可引导学生理解，回答上述问题需要学习本节课的内容，其目标就是"掌握鉴别岩石的简单方法，了解几种常见岩石的特征"。完成这个学习目标有以下三方面的用处：①人类需要各种矿产，而矿产的探测与岩石的种类和分布有关系；②岩石是研究各种地质构造和地形地貌的物质基础；③岩石是研究地壳历史演变的依据。在上述问题的铺垫下，教师再呈现教学目标学生就比较容易接受了。因此，教师提出的问题应与学习目标形成直接关联，使解决问题的过程成为实现学习目标的过程。

● **关联现象和应用**

如前所述，人类知识的形成和积累主要源自两个途径：一是解决实际问题，二是对现象进行解释和判断。因此，我们身边的诸多科技成就以及社会现象是学生感知、学习知识的好载体。教师有选择地、高质量地向学生呈现各种现象，激发学生的思考，这本质上是给学生提供思维的素材，让学生的思考聚焦于要解决的问题，是一种很好的教学策略。

生物教学中，给学生呈现一个草原的景象，然后提出问题："为什么和往年天气、降水差不多的情况下，今年大面积的草干枯了？"学生在探究原因的过程中学习生态平衡的概念，思考生态失衡的现象和原因，理解如何保持生态平衡。

语文教学中，学生学习《祝福》这篇文章，教师可以提问："祥林嫂为什么最终会悲惨地死去？"这个问题十分关键，是引领学生理解人物和整篇文章的核心线索，学生必然要从文本中搜寻线索并进行推理。

化学教学中，学习有关蛋白质的变性这部分内容时，可以问学生："食堂用紫外线消毒餐具，家里用沸水消毒，医院用酒精消毒，为什么紫外线、沸水、酒精可以用来消毒呢？"

品德与生活课上，教师可给学生提供思考的素材——2012年伦敦奥运会，英国跳水运动员评价中国运动员："他们每天就是训练，那是生活的全部。"教师提出问题："你对英国运动员的话如何评价？"还有，2012年伦敦奥运会，中国的一对女双羽毛球运动员因为不想在下一轮比赛中遇到强大的对手，有意失误，输给对手。国际羽协最终裁定二人"消极比赛"，取消了这对排名世界第一、有望拿金牌的选手后续比赛的资格。此事引发了中国网民的争论。教师可以问学生："国际羽联的处罚对吗？"

与前述针对学习目标直接提出问题不同，从现象到问题需要一个必要的步骤——概括。也就是说现象能入每个人的"眼"，但不一定能入每个人的"心"，只有那些概括能力强、有一定知识基础的人才能从现象中概括出问题。因此，基于现象的提问不仅有助于教学目标的实现，其本身也是一种重要的、需要提高的技能。

中国人民大学附属中学"网红"教师李永乐，在多个网络平台上发布教学视频，受到广大网友的认可与欢迎。其教学内容有一个明显特点，即以身边发生的热点事件为载体，讲授其中蕴含的科学知识。以下是截止到2021年9月3日，李老师在4个月内发布的教学视频[1]：

---

① 在手机APP"今日头条"上搜"李永乐老师"，可观看其发布的教学视频。

主　题	相关时事
新中国最严重溃坝事故：河南"75.8"特大水灾是如何发生的？	河南郑州 7 月 20 日大暴雨，人员伤亡及财产损失惨重。李永乐结合历史上的"75.8"特大水灾分析其地理及气象条件。
河南郑州为何突降暴雨？李永乐老师解读三大暴雨成因	
奥运冠军在月球上能跳多高？	结合 8 月东京奥运会，分析竞技运动中蕴含的物理知识。
跳水运动员为啥总是这姿势？	
给电动车加个充电宝？关于增程式电动车的一切	新能源汽车火爆，李永乐分析增程式电动车的物理原理——为什么用燃油发动机给电池充电，再由电机驱动汽车。
一个公式理解相对论：从伽利略变换到洛伦兹变换	燕山大学一教师发文反对相对论引发舆论哗然。
埃里克森如何"死而复生"？心肺复苏和 AED	6 月 13 日欧洲杯足球比赛中，丹麦球员埃里克森突然倒地，立即接受心肺复苏和 AED，10 分钟后恢复了呼吸和意识。
如何快速测量近视度数？	网红博主（频道名"佑来了"）做了很多有趣的物理实验，包括一个简易的测量近视度数的方法。李永乐解释这种方法的物理学和生理学原理。
为什么 1+1=2？生三胎需要什么条件？	基于国家计划生育政策允许生三胎，李永乐解释"自然数的公理化运动"。
中国人为何能造出杂交水稻？除了袁隆平，也该铭记这些人	5 月 22 日袁隆平去世，解释杂交水稻的发明原理和过程以纪念袁隆平。
什么是杂交？遗传学之父孟德尔和他的豌豆杂交实验	
熟鸡蛋返生有可能吗？这项研究得了"诺贝尔奖"	4 月，某职业学校一教师发表在《写真地理》的论文引发舆论哗然。文章声称利用超心理意识能量方法可使熟蛋返生孵小鸡。李永乐分析蛋白质的变性，并介绍曾获诺贝尔奖的一项相关研究。
公考行测题：哪边更重？大部分人都答错了	公务员测试中的一道物理题，在网上引发了热烈的讨论。（本书在"动"部分对此题进行了分析）
"元气森林"真的没有糖吗？人类为什么喜欢吃糖？	饮料"元气森林"声称"零蔗糖"，但实际上含有乳糖和果糖，被认为误导消费者，生产该饮料的公司因此道歉。

我们可以深切地感受到，李老师讲授的内容多么吸引人，原因即在于这些内容紧密结合热点事件，与我们的生活有密切关联，这自然会调动学生对知识的好奇心。我们的身边总在不断发生新鲜事，总有各种各样的现实问题和事件，这些都是非常好的学习素材，而且与学生的关系亲切又自然。教师需要提高敏感性，从生活中敏锐地发现、收集这些案例并使之成为提问的好载体。

● 源于故事、典故

好故事中有冲突、有奇闻、有轶事，好故事或精巧、或有趣、或让人深思，它能够代代流传，因为其中往往蕴含着耐人寻味的道理。以故事为载体是一种好的提问方式。例如，语文教学中，学习崔颢的名诗《黄鹤楼》时，教师可藉故事提出一个问题："李白是绝顶的大诗人，狂放高傲，但他对崔颢的一首诗赞赏不已，曾道'眼前有景道不得，崔颢题诗在上头'。崔颢的哪首诗让李白如此折服？这首诗到底好在哪里？"这比教师直接讲《黄鹤楼》的价值和地位要好得多。

再如，白居易初次参加科举考试时尚默默无闻，他把自己的诗送给诗人、画家、鉴赏家顾况。顾况看到"白居易"三字，便和他开玩笑说"长安城物价昂贵，在这儿住下很不容易"。及至批卷阅白居易的诗作时，顾况不禁大为惊奇，拍案叫绝，郑重地说："能写出如此好的诗句，居住在这里又有什么难的！我之前说的话只是开玩笑罢了。"老师可藉此故事提问："你们想知道白居易的哪首诗让顾况如此欣赏吗？"这个故事虽然很短，但其中包含了人物、情节、转折、高潮，生动有趣，是引发学生求知欲望的好载体。还有，数学教师可藉下面这个故事提出问题，作为讲授概率知识的教学导入[1]。

> 17世纪，法国贵族梅勒和他的一个朋友每人出30个金币的赌
> 注，两人各自选取一个点数，谁选择的点数首先被掷出3次，谁就

---

[1] 凌玲：《高中数学情境创设策略的研究与实践》，广西师范大学2011年硕士学位论文。

赢得全部的赌注。在游戏进行了一会儿后，梅勒选择的点数"5"出现了 2 次，而他的朋友选择的点数"3"只出现了一次。这时候，梅勒有急事必须离开，游戏不得不停止。他们该如何分配赌桌上的 60 个金币的赌注呢？梅勒的朋友认为，既然掷出他选择的点数的机会是梅勒的一半，那么他该拿到梅勒所得的一半，即他拿 20 个金币，梅勒拿 40 个金币。然而梅勒却认为：再掷一次骰子，对他来说最糟糕的事是他将失去他的优势，游戏是平局，每人都得到相等的 30 个金币，但如果掷出的是"5"，他就赢了，就可以拿走全部的 60 个金币。在下一次掷骰子之前，他实际上已经拥有了 30 个金币，他还有 50% 的机会赢得另外 30 个金币，所以，他应分得 45 个金币。德·梅勒和他的朋友为此争论不休。于是，梅勒向当时法国最具声望的数学家帕斯卡请教这种情况下如何对赌资进行分配。帕斯卡和另一位数学家费马对此问题也颇有兴趣，他们两人对此进行深入研究并开创了概率论这一新的数学分支。

这个故事拉近了学生和数学之间的距离，让学生体会到生活中处处有数学，学会用数学的眼睛看世界。更重要的是，这个故事本身就是一个非常好的情境，与教学配合得非常巧妙，是概率教学中可以直接引用的素材。

典故可看作经典故事，是高度符号化的故事，如成语故事、寓言故事、历史故事、文化习俗、文学片段、传说、谚语，等等。教师在教学中"引经据典"很有必要，因为经典中蕴含了高度浓缩的、富有教育意义的事实和道理，将问题置于典故中，对促进学生主动学习、激发其学习兴趣很有帮助。

例如，在语文或思想品德的学习中，教师可基于"愚公移山"这个典故设计一个问题："从环境保护的角度来看，愚公是否应该移民而不是移山呢？"对于这个问题，学生一定会分为两派展开热烈的讨论。在总结学生讨论的基础上，教师可引导学生思考，愚公移山的这座山不是一座现实的山，而是我们个人生活和人类社会发展中遇到的困难和挑战，人生中总有一些困难需要面对，总有一些挑战不可回避，因此，愚公移山体现的是一种不屈不挠、愈挫愈勇、坚持不懈的精神。由此可见，将问题置于典故之中，能有效激发学生思考的积极性，使他们深刻理解坚韧不拔这一精神品质的内涵和价值。

此外，因为典故蕴含了深刻、普适的原理和道理，教师可针对教学中的现象，藉典故提出设问，以加强学生对某个问题的认识。例如，我看到某城市换装了油电混动公交车，该车低速时由蓄电池带动的电动机驱动，高速时由汽油机驱动，汽油机同时带动发电机为蓄电池充电。我发微信朋友圈称赞这是节油环保的好举措。一位物理老师提出，能量是守恒的，低速时驱动电动机的电能也是由汽油机做功转化来的，因此油电混动的车并不节能。这位老师只关注了能量守恒这个因素，没有看到另一个关键因素——做功效率。汽车低速运动时汽油机的做功效率非常低——汽油燃烧生成的相当一部分能量都没有转化为汽车的动能，此时如果由电动机驱动，其做功效率要比汽油机高得多，这是油电混动的车能够节能的原因。[①] 这位老师因为孤立、静止地看问题而出现了认知偏差。

如果教学中学生出现这样的认知偏差，教师可提出设问："这样思考不是'刻舟求剑'吗？"有趣的是，教师还可以把两个典故关联在一起进行提问："这个刻舟求剑的人真不明智，可是有另一个人同样在船上刻印记，却完美解决了问题。这个人是谁？他做了什么事？"一定会有学生想到典故"曹冲称象"，主人公也是在船上刻了一个印记，这么做是为了称一头大象的重量，其物理原理是"物体所受的浮力等于它所排开的水的体积，而此浮力等于物体的重力"。这样的提问很有趣，将两个典故联系起来，引导学生在比较中对所学内容形成更深刻的认识。

● 指向认知冲突

从认知的角度来看，学生学习的过程即是认知发展的过程，学生对自

---

① 有关不同工况下汽油机和电动机做功效率的详细分析见笔者微信公众号：https://mp.weixin.qq.com/s/vkgbB7y2DCm5dCxV_sdvvQ。

然、社会、自我的认识将经历从简单到复杂、从片面到全面、从粗略到精细、从现象到本质的历程。学生的知识习得有两种方式，一种是没有认知阻力的情况下，顺利发生同化或顺应；另一种则是通过打破认知稳态，解决认知冲突而实现的。我们来看古希腊学者芝诺提出的"阿基里斯悖论"，体会什么是认知冲突[①]。

> 阿基里斯是古希腊神话中善跑的英雄，在他和乌龟的竞赛中，他的速度为乌龟的10倍，乌龟在前面100米处爬，他在后面追，但他不可能追上乌龟。因为当阿基里斯追到100米时，乌龟已经又向前爬了10米，于是，一个新的起点产生了；而当他追到乌龟爬的这10米时，乌龟又已经向前爬了1米，阿基里斯只能再追向这个1米。就这样，乌龟会制造出无穷个起点，它总能在起点与自己之间制造出一个距离，不管这个距离有多小，但只要乌龟不停地向前爬，阿基里斯就永远也追不上乌龟。

阿基里斯追不上乌龟！所有人都知道这个结论是错的，但芝诺的说法又错在哪里呢——生活经验、已有知识与新情境、新知识形成了认知冲突。对教学来说，认知冲突的意义在于：当学生面对认知冲突，有可能变被动接受为主动学习；同时，认知冲突自身也为学习提供了素材，学生通过解决认知冲突中的问题而获取新的知识，进而形成新的认知稳态。下面我们来看两个通过解决认知冲突获取新知识的例子。

如果在1000度到2000度之间有一个最佳焊接温度，如何找到这个焊接温度？最差的方法是从1000度开始一度一度地尝试，很多学生会想到分半法——先实验1500℃，温度过高则在1000℃～1500℃的中间选一个实验温度，温度过低则在1500℃～2000℃的中间选一个实验温度，如此重复，直至找到最佳焊接温度。学生"自信地"以分半法解决这个问题显示了其认知稳态。此时如果告诉学生还有一个更好的方法，即找到1000℃～1500℃

---

① 于雷：《小心！逻辑思维陷阱》，天地出版社2016年版，第59页。

之间的"黄金分割点"——在 0.618 而不是 0.5 的位置进行优选，效率会更高[①]，就会打破学生的认知稳态形成认知冲突，而学生只有通过学习建立新的数学模型才能解决此认知冲突。

网上有个帖子，A 网友问："既然 $\frac{1}{3}$ 除不尽，为什么一个蛋糕可以分成 3 等分？在电脑上一个饼状图也可以分成 3 等分？"B 网友的回答得到了 2.6 万个"赞"："虽然 $\frac{1}{3}$ 除不尽，但是 360 度可以除 3。"事实上，B 的回答并没有解决 A 的问题，因为 360 度是人为的规定[②]，我们也可以将圆周规定为 100 度，这样仍然存在除不尽的问题。或者，如果我们"规定"一个蛋糕由 12 份构成，它就可以被 3 等分了。有那么多的网友点赞 B 的回答，说明很多人对此问题的理解都存在某种缺陷。教师如果提出上述问题和质疑，就会使学生陷入认知冲突。解决这个认知冲突需要学习和理解"极限"这个概念。

认知冲突意味着认知稳态被打破，个体在认知上出现了对立面和矛盾点。总的说来，认知冲突发生于以下三种情境：

第一，已有知识的局限。上面的两个例子均为这种情况，已有知识不足以解决新问题或解释新现象。

第二，基于价值观的两难。在诸多涉及价值观的领域，我们做出判断时都可能面临两难的情况。如美国心理学家科尔伯格提出的著名的道德两难情境[③]。

有个妇女患了癌症，生命垂危，只有某种新研制的药能治好

---

① 华罗庚、王元：《数学模型选谈》，湖南教育出版社 1991 年版，第 14 页。
② 古巴比伦人发现，视觉中太阳的直径刚好是天穹半圆（太阳从东边地平线升起到西边地平线落下，这个运行的轨道即是天穹的半圆）的 1/180，他们把天穹半圆分为一百八十等分，每等分就是太阳的"直径"，叫做"度"。天穹半圆是 180 度，整个圆就是 360 度，这个分法被全世界所接受，一直沿用至今。（参见查显民：《万事万物知识事典》，陕西人民教育出版社 1991 年版，第 52 页）
③ 赵希斌：《好懂好用的教育心理学：解决学生学习的 10 个困惑》，华东师范大学出版社 2012 年版，第 166–167 页。

她。这种药非常昂贵，其丈夫汉斯到处借钱也凑不够。汉斯无奈撬开药剂师的仓库门把药偷走了。汉斯应该受到惩罚吗？

法律和人情的矛盾会让我们在回答这个问题时处于两难，当面对如汉斯偷药的真实事件时，无论个体最初的立场是什么——法不容情或生命至上，都有可能产生认知上的冲突或困惑。

第三，源于认知的相对性。如前所述，人类的任何一个知识都是在某种特定的条件下得到的，当我们基于不同的条件对知识进行审视时，也有可能打破认知稳态而形成认知冲突。关于这一点请参考第二章对批判性思维"相对性及条件化"的分析。

还有一个因素与学生的认知冲突密切相关——前科学概念。我们来看一位生物教学研究者对"前科学概念"的内涵、表现及其对教学影响的分析[①]。

> 科学概念是组成科学知识的基本单元，是科学知识结构的基础。然而科学概念的形成、建立和发展会受到学生头脑中已有观念和已有知识的影响。学生在学习正式的科学概念前，头脑并非一片空白，往往通过日常生活的各种渠道和自身的实践，对客观世界中各种生物现象有了自己的认识，并形成了独特的思维方式。这种在接受正规的科学概念之前脑海中形成的观念和知识形态一般被称为前科学概念。前科学概念分为三类：第一，与科学概念相一致的。例如，人除吃饭、喝水外还要排便排尿，这是新陈代谢的前概念；给植物施肥浇水光照，它就可以生长，这是光合作用的前概念。这样的前概念对教师和学生来说都是一种资源，教师应把这种资源作为学生理解新知识的生长点，引导学生从原有的前概念中生长出科学概念。第二，需要完善或是修正的。例如，大部分的学生都知道酶具有催化作用，但具体怎样催化，也就是说酶的作用本质是什么？酶具有哪些特性？学生就不甚了解了；

---

① 鲁亚平：《新课程生物怎么教》，安徽师范大学出版社 2013 年版，第 112—113 页。

同学们知道光合作用需要原料，同时会有产物生成，但是对原料和产物是什么则不清晰。第三，错误的前科学概念。例如，部分学生有着这样的错误认识：只有动物会进行呼吸作用，只有植物才会进行光合作用，绿色植物通过光合作用制造自身生长所需的能量，呼吸作用必须通过肺才能进行等。

如该文所分析的，前科学概念有三类，其中不完善的和错误的概念需要关注，恰恰是这些概念和科学概念形成了认知冲突。有物理教学研究者明确指出，在物理教学中如何把前科学概念转化为物理概念，是教师所面临的一个重要课题[①]。

　　在教学的准备阶段，教师必须了解学生中较普遍存在的前科学概念，把它作为物理教学的起点。虽然前科学概念不同于科学概念，但在物理教学时应注意利用和发挥前科学概念的积极方面，一个有经验的中学教师，在讲物理概念时总要举一些生活中常见的事例来进行分析、诱导，其道理即在于此。有些教师不懂得这一点，片面追求详尽、严谨而陷入学究式的讲解，势必把本来应该是丰富多彩的、生动活泼的物理教学变成为呆板的、枯燥无味的说教，结果学生只是死记硬背一些定义和公式，理解甚少，所得无几。当然，前科学概念还有着另外的一面，即它往往会构成学生理解物理概念的重大障碍。例如，他们认为物体之所以运动（虽然运动状态不变）总是受力作用的结果；推车前进时作用力总比反作用力大；手提重物沿水平方向匀速地把物体从甲地运到乙地，人总是做了功的；质点随波前进；光总沿直线传播，等等。在 1984 年举行的国际物理教学讨论会上，西德的 Nachtigall 教授报告的一个问题是《学生在学习物理中的错误概念》，他认为错误概念的形成，常常是受生活经验中形成的先入之见影响的结果。

[①]　高文渊：《力学电磁学教学研究》，南京大学出版社 1990 年版，第 9 页。

他曾出了 6 道力学题检查对力和运动概念的理解，检查对象包括中学、大学的学生和菲律宾籍的教师，发现大部分人掌握得很差，反映出前科学概念的重大影响及其顽固性。

了解学生中较普遍存在的前科学概念，对教学来说不是可选项而是必选项，这既是教学的起点，也是教学要解决的问题，还为教学提供了素材。但是，前科学概念的改变不是一件容易的事情，很多情况下需要改变学生稳固的认知结构。如何关注、解决学生的认知冲突以优化教学？我们看一位生物教师的做法[1]。

　　学生前科学概念会对学习产生重要影响。例如：草履虫的排泄途径是：A.胞肛；B.表膜；C.收集管；D.收集管和伸缩泡。不少学生错选了 A。经了解发现，学生把"排泄"这一概念的外延扩大了。"排泄"是指将二氧化碳、尿素以及多余的水和无机盐等排出体外的过程。学生把食物残渣的排出也归入到"排泄"，从而导致误选。

　　学生前科学概念的成因包括：①日常生活经验。例如对两栖动物的认识，认为既能生活在水中，又能在陆地生活的动物就是两栖动物，因此把龟和鳄鱼判定为两栖动物。②望文生义。例如，由于常见的各种柏树属于裸子植物，故学生常把蕨类中的卷柏误列入裸子植物；或者把名字带有"鱼"字的动物——娃娃鱼（两栖动物）、鱿鱼（软体动物）、鲸鱼（哺乳动物）、衣鱼（节肢动物）误列入鱼类；又或将"白果"误认为是银杏的果实，其实它是银杏的种子。③停留在表象。例如，完成曲肘动作时，肱二头肌收缩，肱三头肌舒张。学生根据曲肘搬重物时感觉上臂肌肉紧张，有劳累感，误认为此时两组肌肉都处于收缩状态。

这位生物教师基于多种方式——访谈、课堂观察、批改学生作业——分

---

① 陈春华：《利用错题揭示和转变前科学概念的实践》，《生物学教学》2021 年第 4 期。

析了学生前科学概念的表现及成因，在此基础上建立了前科学概念资料习题库，这无疑会大大提高教学的针对性和有效性。

总之，儿童思维发展"重演"了人类思维发展从低级到高级的过程，二者在本质上有相似性。[①] 基于思维重演的前科学概念的"矫正"绝不是一蹴而就的，更不是教师将正确的知识教给学生就可以了，很多情况下学生能接受和再现所学的知识，却没有真正解决认知冲突，这样的学习并不充分和扎实。因此，教师要关注教育心理学的研究成果，把握学生的认知特点和认知水平，准确诊断其可能存在的认知弱点。同时，教师要多关注学科发展史，熟悉学科发展的脉络，看到人们曾经犯过的错误、走过的弯路，这往往也是学生要经历的认知发展过程，是学生认知冲突的源起。教师指向认知冲突的提问还原、再现了这个过程，学生也正是在解决认知冲突的过程中实现有效的学习。

3. 提问误区

在教学实践中，提问存在的误区主要表现在以下几个方面。

● **为了提问而提问**

一位教师上《董存瑞舍身炸碉堡》一课，问学生："你们最崇拜谁？"学生纷纷举起了手，有的说崇拜球星罗纳尔多，有的说崇拜影星张曼玉，有的说崇拜棋圣聂卫平……学生交流结束后，老师问学生："你们猜，我最崇拜谁？"话音刚落，学生们异口同声地说："老师崇拜董存瑞。"听到这么整齐的回答，近百名听课教师顿时爆发出笑声。[②] 这样的问题确实可笑，教师根本不在意学生回答什么，学生及其思考被当作道具，而且对后续的教学也没有什么价值。

---

① 赵希斌：《试论思维重演与儿童早期教育》，《贵州师范大学学报（社会科学版）》2000 年第 1 期。
② 余文森：《有效教学的实践与反思》，陕西师范大学出版社 2011 年版，第 241 页。

如何避免为了提问而提问？最关键的是紧扣教学目标，真正启发学生的思考。关于《董存瑞舍身炸碉堡》，我们可以这样提问："同学们，世界上什么最宝贵？"一定会有学生回答"生命最宝贵"；老师可追问："是啊，生命最宝贵，生命只有一次。可是，有的人却会在某个时刻放弃自己的生命，是什么能让一个人放弃生命呢？这又是一个什么样的人呢？"这样的问题能够有效激发学生的思考，并且成为理解董存瑞舍生取义的驱动和线索。

教学中还经常出现很多无意义的问题，如"同学们，你们喜欢这篇文章吗？""同学们，你们想不想感受一下泰山的雨？"绝大多数学生只能随声附和"喜欢""想"，即使学生们内心真正的想法并非如此，说出来又有什么用呢？反正老师是要讲这篇文章的。教师要警惕，如果你提出的问题只是让学生无奈地附和，这样的问题还不如不问。

提问的一个重要价值是驱动教学，因此教师要通过自己的思考和平时的经验对提问与教学的关联进行判断，提高提问的有效性。此外，教师提问、学生回答的本质是互动，提问是师生互动的载体。提问不能变成例行公事，教师提问时一定要真诚，发自内心地想要了解学生的想法，认真倾听学生的回答，并且与学生形成有效的互动。

● **无须思考的标准答案**

"同学们，我们为什么要遵守法律？"这本来是一个值得思考的重要问题，但在现实的教学情境中这会变成一个"伪问题"，因为学生不需要思考，他们只要找到书上的标准答案即可，这样就失去了提问的重要价值——激发学生的思考。更糟糕的是，有时学生说出自己独特的想法，很多教师要么忽视，要么想方设法地绕到预设答案上，有的甚至会表现出不屑和厌恶。长此以往，学生面对提问要么放弃主动思考，要么干脆充耳不闻。那么，教师如何避免这一误区呢？本章前面的内容阐明了提问的价值和方法，可作为教师提问的参考，其中最重要的就是要创设情境，凸显问题与学生生活的关联，并且提高问题的趣味性，真正激发学生产生解决问题的动机。

● 只有少数同学参与

从当前的课堂提问来看，教师要求个别学生回答问题的比例过高。单独回答问题的主要是三类学生，一是学习水平较高的学生，二是有较强表达欲望的学生，三是与教师关系亲密的学生。总是少数几个学生主动回答问题，长此以往大部分学生可能会选择放弃思考和回答问题。还有一种情况，个别学生很有热情，但答案离题太远或水平太低，消耗了宝贵的教学时间，致使教学效率降低。

教学是面向全体学生的，因此建议教师提出问题后鼓励全体学生思考、回答。此时会出现两种情况：一是学生默默思考；二是七嘴八舌，争相说出答案。如果学生沉默，可能是因为学生没有答案，或者不愿意公开表达（学生年龄越大此现象越明显，这与课堂文化有很大的关系），此时教师要注意观察学生的眼神和表情，给予进一步的启发。如果是第二种情况，教师要仔细倾听学生的答案，从中进行概括和总结，或者甄别出典型答案，对此进行进一步分析。

教师提问时要处理好面向全体与关注个体的关系。例如，学生练习时教师可以在学生间巡视，或者在让全体学生回答某个问题时，发现某个学生的回答很有特点或很典型，如与众不同的想法、有见地的回答或者是多数学生容易犯的错误，教师此时可与这个学生进行单独问答，或者对学生的回答进行追问。这样的师生互动为教学提供了鲜活的学习素材，为学生的深入思考奠定了基础，而且将全体回答与个别回答有机地整合起来。

● 学生不知所措

如果学生面对问题不知所措，这意味着教师的提问是无效的。造成学生面对提问不知所措的原因主要有三个：一是不知所云。例如，小学语文课《鱼游到了纸上》教学中，老师提问："俗话说得好，'鱼离不开水'，可今天呀，这活泼可爱的鱼却游离了水，游到了纸上。对此，你一定会有自己的看法吧？"这个问题不是直问，不是反问，也不是设问，而是一个让学生不知所措的问题。如果学生有自己的看法，回答"有"，这样的回答有什么意义呢？还有，类似"告诉老师，你准备怎样把课文读正确、读流利？"这样的问题都让学生摸不着头脑。二是问题链条太长。教师为了让学生解决与学习内容直接相关的 A 问题，先解决关系远一些的 B 问题，可这有时会让学生"失焦"，等回到 A 问题的时候，学生已经不知道该问题从何而来了。由于学生（尤其是小学生）认知能力和注意力的局限，无法处理过多或过于复杂的信息，因此教师在提问时，一定要注意"点题"，要帮助学生将问题与学习目标关联起来，而且要有意识地强调多个问题之间的联系。三是琐碎。有时教师不敢直接讲解知识，觉得这是在灌输，因而不断地提问，以为这样就是启发学生了。比如，语文教学中多次出现某种类似的描写，教师想要学生理解这么写的原因和效果，可以直接问学生为什么多次出现类似描写，或者直接对此进行讲解，而教师却要提问："类似这样的描写有几次？""在哪里？""你能都找出来吗？"这样的问题很琐碎，会模糊提问的重点，淹没学习的主题。

- **学生不为所动**

不为所动指学生对教师的提问缺乏积极回应，这意味着教师的问题很有可能没能激发学生的思考，这样的提问往往是无效的。不能激发学生的兴趣是学生对提问不为所动的主要原因，这样的提问往往枯燥、呆板，即使问题的内核是有价值的，其有效性也会大打折扣。为了解决这一问题，教师可参考上述提问的策略，如将提问置于学生喜闻乐见的故事中，或将问题融入学生感兴趣的热点事件中。此外，可参考本书最后一章"趣"的内容，让学生从提问中更多地感受乐趣、兴趣乃至情趣。

第八章　比——比较与举例

近二十年的教师培训和课堂教学，我的授课得到了教师和学生的认可，很多听众反馈，我的课生动易懂、深入浅出。能有这样的效果，一个重要原因是我在授课时较好地运用了打比方、举例子、作比较的方法，这些方法是优质教学的核心追求与关键表现。下面我们来看一个例子，我的学生在作业中分享了她的一段历史学习的记忆。

> 在中学阶段，我遇到的所有历史老师都没有给我留下什么印象，他们一般都是照本宣科，死板得很。中央电视台科教频道的"百家讲坛"栏目，我有时间就会看看，收获不少。高二暑假的时候，一位历史老师的讲座内容给我留下非常深刻的印象。讲到唐代科举考试中明经科和进士科的区别，他是这样解释的：明经科就是填空，子曰什么而时习之，你填一个"学"字就完了。明经好考，所以考上之后也做不了大官。进士就特别不好考，涵盖诗词曲赋、时策、国家大政方针，等等，就像该不该办奥运，你得写一篇论文。讲到清末的主昏臣奸，这位老师便以光绪皇帝每日吃鸡蛋却在鸡蛋价钱上被蒙骗为例：一个鸡蛋是 3 文到 5 文铜钱，结果内务府给皇帝报账说 26 两银子一个，26 两银子是多少个铜钱呀？2000 多个铜钱是一两银子，那 26 两你算算是多少？皇上一天要吃 6 个是多少？26 乘以 6 再乘以 2000，然后除以 3 或者 5，你算算能买多少个鸡蛋？这鸡蛋打碎了皇上能在里面游泳！

案例中历史老师分别用了打比方（将考进士的试题比作写"要不要办奥

运"的论文）、举例子（明经科和进士科的考试方式、清末主昏臣奸）、作比较（对明经科和进士科进行比较），使抽象、复杂的内容变得具体和简单，真正做到了深入浅出，令人印象深刻，这样的教学也必然会吸引学生。总的说来，打比方、举例子、作比较在教学中起到了桥梁的作用，使得知识从陌生、困难、抽象、枯燥转化为熟悉、容易、具体、有趣。有了这样的桥梁，学习内容变得更加容易理解，新知识更容易"生长"在已有的认知结构上，学生的学习兴趣和积极性也更容易被调动起来。

1. 打比方

打比方是利用两种不同事物之间的相似之处作比较，以突出事物的特点，增强说明的形象性和生动性的方法。在教学中打比方，可以说是教师必用的一种方法，它有什么样的价值呢？看下面这位地理老师如何讲解"气候"概念[1]。

师：请一位同学描述一下自己的性格。

生：我的性格比较活泼开朗，属外向型的。

师：你的性格是不是一天一个样？

生：不，我一直都是这个样子的。

师：是啊！俗话说"江山易改，禀性难移"，人的性格真不是那么容易改变的。那你能跟同学们说说你今天的心情如何呢？

生：还不错吧，挺好！

师：那你是不是每天都能保持这样乐观的心情呢？

生：不一定，遇到不顺心的事情就没那么开心了。

师：好，你讲得很好。老师刚才在与你交谈时涉及两个词——"性格"与"心情"。现在请你归纳一下"性格"与"心情"到底有什么区别？

---

[1] 吴明庆：《活用"打比方"提高地理课堂效率》，《好家长》2016 年第 33 期。

生：性格不容易发生变化，而心情则随时会发生变化。

师：天气好比是人的心情，不可能每一天都那么好，经常会发生变化，持续的时间是很短暂的；气候好比是人的性格，相对比较稳定，不轻易发生变化。

在这个案例中，教师将心情与天气、气候与性格相比，让学生迅速并深刻理解了天气、气候的含义及二者之间的关系——天气和心情一样是多变的，而气候和性格一样是稳定的。下面再来看一位化学老师如何运用打比方解释抽象复杂的教学内容[1]。

案例 1：强酸、弱酸溶液与金属反应产生氢的量和反应速率

强酸、弱酸与金属反应产生氢的量和反应速率是很多学生认识的难点。教学中笔者把强酸与弱酸比作"两个富翁"，H^+ 就是他们所拥有的"货币"。强酸完全电离，是一个把所有货币都带在身上的富翁；弱酸部分电离，是一个只把极少数货币带在身上、绝大部分货币存在银行的富翁。当等物质的量浓度且等体积的盐酸与醋酸分别与足量的表面积相等的锌粒完全反应时，由于盐酸、醋酸都是一元酸，二者物质的量相等，相当于两个富翁拥有的货币总量一样。盐酸把所有货币都带在身上，买东西时可以立即付全款，因而反应速率更快；而醋酸只带少量货币在身上，买东西时需要多次执行付款—从银行取钱—再付款，因而反应速率较慢。因为两个富翁的货币总量一样多，因此能买到的产品数量是一样的，即反应产生的氢气总量相等。通过这个生活化的比方，原来对这个问题毫无头绪的学生很容易理解了，有了顿悟的喜悦。很多学生在高中毕业多年后告诉笔者，已经好几年没有接触化学了，但当时"两个富翁"的比方现在还记忆犹新。

---

[1] 林秀銮等：《基于认知负荷理论的"打比方"教学策略》，《中小学教学研究》2015 年第 6 期。

案例 2：加聚反应

加聚反应是有机化学反应的一种重要类型。学生刚刚接触有机化学时对加聚反应如何能形成高分子存在认识上的障碍。教学时我先让同桌的两个学生面对面手牵手坐好，每个学生把自己想象成一个碳原子，紧紧牵住的双手就像是碳原子之间形成的双键，一对学生就是一个乙烯分子。我让学生松开一只手，另一只手仍紧握对方，这就好比在催化剂的作用下，乙烯分子断开双键中的一个键。进而，邻桌之间的两个学生牵起刚才松开的手，这样全班学生都可以把手牵起来，这就好比乙烯分子断键后重新连接形成高分子聚乙烯。通过这个互动不仅活跃了课堂的气氛，而且让学生对加聚反应的概念有了深入的理解。

案例 3：摩尔体积

在分析"相同状况下，不同气体的摩尔体积为什么相同"时，我用 100 位相扑运动员与幼儿园小朋友在操场上排队来打比方。当要求排成紧密方阵时，由于相扑运动员体形肥硕，所占空间明显要大得多；如果人与人间距 10 米，二者陈列所占的空间则是一样的。通过打比方，学生深刻体会到对于固体、液体来说，构成它们的微粒间的距离非常小，它们的体积主要取决于微粒的大小；对于气体，分子间距离比分子的直径大得多，因此气体体积主要取决于气体分子间的平均距离。在相同状况下，任何 1mol 气体所含有的分子数相同，分子之间平均距离相同，所以它们的体积也是相同的。

化学是我上中学时学得最差、最没有兴趣的一门课，给我的印象就是抽象、枯燥、无趣。而这 3 个案例我都非常感兴趣，而且完全理解了相关化学知识。3 个案例全部呈现出来，是因为每个案例的打比方都很精彩，无法割舍，而且显示出这位化学老师已将打比方作为教学的必要手段，非常自然和充分地应用在教学中。

学生学习的大部分知识都是以文字、符号为载体的概念，所有的概念均有抽象性，只是抽象程度不同而已。某种意义上，学习的过程就是理解、操作各种概念的过程。以具象、形象、学生熟悉的事物打比方，是对新的抽象知识的一种加工处理方式，经过这样的加工处理，新的抽象知识得以与已有知识产生实质性的、稳固的连接，就像食物更容易被消化一样，有效的学习——认知结构的同化或顺应——因此得以发生。

还有一种打比方，并未降低知识的抽象程度，也未调用学生熟悉的知识，而是以抽象比抽象，所涉及的知识也有可能是新的。例如，王国维在《人间词话》中写道："古今之成大事业、大学问者，必经过三种之境界：'昨夜西风凋碧树，独上高楼，望尽天涯路'，此第一境也；'衣带渐宽终不悔，为伊消得人憔悴'，此第二境也；'众里寻他千百度，蓦然回首，那人却在灯火阑珊处'，此第三境也。"这些比方打得好！追求事业、做学问如何比作诗词中的相思之苦？正是因为二者在本质上有可比之处！古今成大事业、做大学问的人，必然要经历三个阶段：一，不断在某个领域内学习和积累，就像在前人已经开辟的道路上不断前行；二，在自己的积累足够丰富的基础上，找到自己的追求和发展的方向，坚持不懈，无怨无悔；三，厚积薄发，苦尽甘来，获得成功并收获巨大的惊喜。

这个打比方，深入到形象差异巨大但本质高度相同的层面，其深刻性大大增强，有直指人心、催人顿悟的价值。以抽象之物作为打比方的内容，一个重要的原因是要表达、解释的内容包含言语无法表达的情意，以打比方的方式激发人们的想象与领悟，因此这样的打比方颇有"指月"①之妙。这样的打比方往往超越了客观的知识理解，因蕴含情感而富有情趣。例如，一位物

---

① 《楞严经》卷二有云："汝等尚以缘心听法，此法亦缘，非得法性。如人以手指月示人，彼人因指，应当看月。若复观指以为月体，此人岂唯亡失月轮，亦亡其指。"诗人词人无法直接用文字表达诗词之胜味，于是他们以蕴藉、寄情自然的方式"指月"，将读者引向蕴含无限意味之所在。以抽象比抽象的打比方恰有此"指月"之妙。

理教师这样讲解物理现象 [①]：

> 当一根条形磁铁插入一个闭合线圈，闭合线圈产生感应电动势和感应电流，同时感应电流激发新的磁场，该磁场总是阻碍原磁通量的增加，同时阻碍了磁铁的插入；反过来，将磁铁从闭合线圈中抽出时，反方向的感应电流与磁场将阻止磁铁的抽出，这就是楞次定律的内容。李商隐《无题》中的著名诗句"相见时难别亦难"与楞次定律所表达的现象多么相似啊！还有，"君不见黄河之水天上来，奔流到海不复回。君不见高堂明镜悲白发，朝如青丝暮成雪。"诗人慨叹韶华如流水，人生易老，这就如同热力学第二定律所描述的：任何与热现象有关的物理过程的自发进行是有方向的，并且是不可逆的。

这位物理教师讲授楞次定律和热力学第二定律时，以古诗词的内容打比方，给冷冰冰的物理知识附上了感情色彩，使学生对物理知识的理解得以深化，而且更富有趣味和韵味了。因此，教师在打比方时，不仅要追求让学生更好地理解知识，而且可尝试提升打比方的趣味和情趣。

普朗克是现代量子力学的奠基人，他在晚年回忆其中学物理老师是这样教能量守恒定律的——"一个泥水匠辛辛苦苦地把一块沉重的砖头扛到了屋顶上，他所做的功并没有消失，而是被贮存起来了，或许多年后这块砖松动了，不幸落到了一个人的头上"。多么生动有趣的打比方！难怪普朗克到晚年还记忆犹新。

1986 年在东京举行的国际物理教学研究会上，一位代表对"微观过程可逆而宏观过程不可逆"的现象作了一个比喻：一条黑狗生满了跳蚤，另一条黄狗是干净的，两条狗站在一起，跳蚤可以从黑狗身上跳到黄狗身上，也可以从黄狗身上跳到黑狗身上。跳蚤跳来跳去相当于微观过程是可逆的，但最后无论黄狗还是黑狗都不可能是干净的，即从宏观上看，跳蚤从黄狗身上完

---

① 巩晓阳等：《诗词歌赋与物理学的和谐美》，《高等理科教育》2008 年第 5 期。

全跳回黑狗身上，使黄狗重新干净这一宏观的逆过程是不可能发生的。这一形象生动的比喻成为解释热力学第二定律的经典素材。这样的打比方让人忍俊不禁，又让人掩卷沉思。在课堂上运用这样富有情趣的打比方无疑会大大提升学生的学习兴趣，丰富与优化学生的学习收获。

2. 举例子

举例子是通过列举有代表性的、恰当的事例来说明事物特征的方法。在教学中，教师举例子的丰富性、形象性、趣味性很大程度上决定了学生的学习兴趣和学习效果。

总的说来，教学中举例子有两个指向：一是为知识架构配合例子，二是以例子为载体传授知识。

微信公众号"地理教学课件"发布了高中地理《构造地貌的形成》的教学设计。[①] 主要教学目标包括：①描述地质构造的成因；②说明地质构造的种类及因其而形成的地貌；③说明板块运动的特点及其对地貌的影响。这节课涉及相当多的概念与术语，包括地质构造、地貌、岩层的变形和变位、褶皱和褶曲、断层、塑性变形、波状弯曲、背斜顶部、向斜槽部、山岭、谷地、地形倒置、向斜与储水、背斜与储油储气、垂直向上断层（地垒）、垂直向下断层（地堑）、块状山与高地、谷地与低地、板块构造学说、岩石圈与软流圈、板块相向与相离、岩石圈六大板块、岛屿、岛弧与岛链、海沟与山脊、海岭、裂谷等。

为了说明这些抽象概念，作者在教学课件中用来举例子的实物图片就有14张，包括希腊克里特岛上变形的褶皱岩层、新西兰岛上断裂错开的岩层、华山、汾河谷地、圣安德烈斯断层景观、喜马拉雅山脉、安第斯山脉、青藏高原、东非大裂谷、红海。这些形象鲜活的例子让学生与地理现象"亲密接触"，成为学生理解相关地理概念有力的认知支撑，学生因此学到鲜活的、

---

① https://mp.weixin.qq.com/s/9zMRfLsO7YqwxN_BIVNgSA

有血有肉的地理知识。

文科教学中举例子同样重要。钱穆在《谈诗》中写道[1]：

> 最近偶然看《红楼梦》，有一段话，现在拿来做我讲这问题的开始。林黛玉讲到陆放翁的两句诗："重帘不卷留香久，古砚微凹聚墨多。"有个丫鬟很喜欢这一联，去问林黛玉。黛玉说："这种诗千万不能学，学作这样的诗，你就不会作诗了。"下面她告诉那丫鬟学诗的方法。她说："你应当读王摩诘、杜甫、李白跟陶渊明的诗。每一家读几十首，或是一两百首。得了了解以后，就会懂得作诗了。"这一段话讲得很有意思。

> 放翁这两句诗，对得很工整。其实则只是字面上的堆砌，而背后没有人。若说它完全没有人，也不尽然，到底该有个人在里面。这个人，在书房里烧了一炉香，帘子不挂起来，香就不出去了。他在那里写字，或作诗。有很好的砚台，磨了墨，还没用。则是此诗背后原是有一人，但这人却教什么人来当都可，因此人并不见有特殊的意境，与特殊的情趣。无意境，无情趣，也只是一俗人。尽有人买一件古玩，烧一炉香，自己以为很高雅，其实还是俗。因为在这环境中，换进别一个人来，不见有什么不同，这就算做俗。高雅的人则不然，应有他一番特殊的情趣和意境。

> ……摩诘诗极富禅味。禅宗常讲"无我、无住、无着"。后来人论诗，主张要不著一字，尽得风流。但作诗怎能不著一字，又怎能不著一字而尽得风流呢？我们可选摩诘一联句来作例。这一联是大家都喜欢的："雨中山果落，灯下草虫鸣。"此一联拿来和上引放翁一联相比，两联中都有一个境，境中都有一个人。"重帘不卷留香久，古砚微凹聚墨多"，那境中人如何，上面已说过，现在且讲摩诘这一联。在深山里有一所屋，有人在此屋中坐，晚上

---

① 侯敏：《现代新儒家文论点评》，暨南大学出版社2016年版，第243–244页。

下了雨，听到窗外树上果给雨一打，朴朴地掉下。草里很多的虫，都在雨下叫。那人呢？就在屋里雨中灯下，听到外面山果落，草虫鸣，当然还夹着雨声。这样一个境，有情有景，把来和陆联相比，便知一方是活的动的，另一方却是死而滞的了。

这一联中重要字面在"落"字和"鸣"字。在这两字中透露出天地自然界的生命气息来。大概是秋天吧，所以山中果子都熟了，给雨一打，禁不起在那里朴朴地掉下。草虫在秋天正是得时，都在那里叫。这声音和景物都跑进到这屋里人的视听感觉中。那坐在屋里的这个人，他这时顿然感到此生命，而同时又感到此凄凉。生命表现在山果草虫身上，凄凉则是在夜静的雨声中。我们请问当时作这诗的人，他碰到那种境界，他心上感觉到些什么呢？我们如此一想，就懂得"不著一字尽得风流"这八个字的涵义了。正因他所感觉的没讲出来，这是一种意境。而妙在他不讲，他只把这一意境放在前边给你看，好让读者自己去领略。……但我们看到这两句诗，我们总要问，这在作者心上究竟感觉了些什么呢？我们也会因为读了这两句诗，在自己心上，也感觉出了在这两句诗中所涵的意义。这是一种设身处地之体悟。亦即所谓欣赏。我们读上举放翁那一联，似乎诗后面更没有东西，没有像摩诘那一联中的情趣与意境。摩诘诗之妙，妙在他对宇宙人生抱有一番看法，他虽没有写出来，但此情此景，却尽已在纸上。这是作诗的很高境界，也可说摩诘是由学禅而参悟到此境。

这几段文字涉及很多有关诗歌创作与赏析的抽象概念，但钱穆基于非常具体、详实的例子对这些概念进行讲解，并说明如何赏析古诗之妙。这样基于案例进行分析的方式完全可以迁移于课堂教学，对优化教学效果无疑非常有价值。由此我们可以看到，对于教学中的抽象概念，教师掌握的相关案例越丰富、越鲜活，就越有可能把抽象概念讲得透、讲得细，从而使学生对学习内容形成更深刻的理解。

学生面对的大部分学习内容是人类在漫长的生活实践中发现、总结的规律和理论，而没有现象支撑的理论是苍白的，举例子的本质就是将理论的现象基础展示给学生，这不但对学生理解所学知识很重要，而且对训练学生的学科思想和学科方法也很有价值。一般说来，理科和文科的理论分别来自对自然现象和内心体验的抽象与概括，因此，理科教学中举例子要让学生"眼见为实"，文科教学中举例子要让学生"感同身受"。

教师在举例时应注意，不但要举正例，也要举反例。对此一位物理教师写道[①]：

> 物理老师讲解杠杆原理时，如果只举撬杠、扳手等例子，学生会误认为所有的杠杆都应该是省力的。因此有必要举一些不省力的例子（如天平），以及费力杠杆的例子（如火钳、医用剪刀），以利于学生形成正确的概念。再如化学老师讲到催化剂时，既要举催化剂加速化学反应的例子，也要举催化剂减缓化学反应的例子，从而使学生形成"催化剂是改变化学反应速度的物质"的正确概念。

正例和反例还有另一种表现，即"正确"与"错误"，或"好"与"不好"的例子。例如，美术教师在点评作品时，可以同时点评画得好与画得不好的作品，通过例子启发学生怎么办、如何做。我们来看一位美术教师如何基于范例为学生提供指导[②]。

> 《天外来客》一课，在引导学生交流完想象的外星人之后，我说："其实同学们还可以想象得更离奇古怪一些。"接着我就示范了我心目中外星人的形象，并且一边示范一边夸张地描述"他有皮包形状的脸，海母一样的嘴巴，眼睛与人类有些相似，是在嘴巴的下面，还有彩虹一样的头发、蛤一般的身体、螃蟹一般的手，

---

① 张筱良：《教学举例浅说》，《河南教育》2000 年第 1 期。
② 季琴芬：《让示范为课堂添彩》，《教育艺术》2009 年第 1 期。

并且是从头部长出来的……"在我示范的过程中学生不断地发出笑声，惊叹外星人长得真奇怪。紧接着，我问学生："你还能联系我们生活中的哪些事物想象外星人的形象？"学生的思路一下子被打开了，有联系动物、植物、生活用品等来想象的，还有学生画出了全身长满眼睛的外星人。

教师提供范画，意在引导，不是提供"标准答案"和"结论"，而是启发学生举一反三、触类旁通。我觉得批评教师范画限制学生想象力和创造力是不正确的。机械地、模式化地范画可能会有这样的弊端，而满载教师想象力、创造性且富有启发性的范画能够激发学生的学习兴趣和创新精神。

英国幼教节目《天线宝宝》，其中有一个片段是孩子们在观看马戏团表演后画画，老师给了孩子们一张大纸，让孩子们自由地在大纸上画。孩子们在画纸上东倒西歪到处画，而老师干什么呢？只是在旁边观看，并在结束时提出也要画上一笔。但这一笔真是点睛之笔，画面一下子变得有序了，孩子们都为这幅画欢呼起来，但这欢呼不是为老师的神来之笔，而是赞叹自己画的画是多么棒，我看了以后不禁感叹这位老师适时的无痕示范。

这位美术老师通过基于实例的示范启发学生的思考。她对"示范"的理解很到位，强调示范的启发作用，而不是"规定"学生一定要怎么做。二者本质的区别在于，具有启发作用的示范不但不会限制学生的思维，而且能有效地激发和扩展学生的想象力。

此外，教师举例要注意内涵和外延的平衡。内涵是指一个概念所概括的事物的特性或本质的总和，外延是指适用于概念内涵的所有内容。教师举的例子是某个概念的外延，为了让学生正确、全面理解概念，就要注意例子不能以偏概全，要全面和典型。一位生物教师写道[①]：

---

① 薛静尧：《在举例教学中教师应具备的意识》，《生物学通报》1997年第3期。

在讲拟态时，我举出许多诸如尺蠖、竹节虫、枯叶蝶、蜂兰、南美鲈鱼、某些螳螂的幼虫等外表形态类似自然界中生物和非生物的拟态现象。在如此丰富的例子基础上让学生归纳拟态概念时，学生只能总结"生物的外表形态与其他生物、非生物异常相似的状态叫拟态"，而丢掉了概念内涵的另一方面——生物的色泽斑与其他生物异常相似。出现此问题的原因是教师举例虽多，却不周全。因此，我在教学中又同时举了果蝶的例子，它的翅上有两个大斑点，远看很像猫头鹰，"两眼"还炯炯有神。这样周全的举例使学生归纳更全面、更完善。

教学中之所以需要举例子，是为了通过具象的例子帮助学生理解抽象的知识。教师在举例子时不能忘掉这个初衷，一定要将具象的例子和抽象的知识紧密关联，准确理解抽象知识的内涵和外延，并据此选择恰当的教学案例。

以上所分析的举例子，其目的是优化学生对局部知识的学习，如果举例子成为一节课、一个单元乃至整门课教学的载体时，就会成为案例教学。一般认为，案例教学（Case Study）于1870年左右由美国哈佛大学法学院首次提出。案例教学又称个案教学，是指教师通过呈现一个具体、真实的素材，引导学生对此进行分析，帮助学生从中获取知识、发现原理、掌握方法、提高能力。如果追根溯源的话，案例教学的历史显然要久远得多。

在中国，早在春秋战国时期，诸子百家就大量采用生活事例来阐发事物的内在规律。人们所熟知的"田忌赛马""守株待兔"等小故事，即为阐明某种抽象哲理的例证。公元前的《春秋》《战国策》和西汉司马迁撰写的《史记》以及宋代司马光主持编撰的《资治通鉴》等，都很善于一事一议，以事论理，通过记载历史上较有影响的事件和人物，让读者在历史矛盾和冲突中明晓兴衰成败的原因，从而得到启发和借鉴。

在西方，古希腊哲学家、教育家苏格拉底可谓开案例教学的先河，他运用"问答式教学"，以真实的社会生活为载体与学生进行问答，藉此启发学生的思考。柏拉图继承了这种教学方法，将"问答法"编辑成书，并且在书中附加了许多日常生活的小故事，通过故事来说明道理，这些小故事即可看作案例的雏形。这种教学方法因效果好而被宗教教义承袭，一个个生动隽永的故事在宗教典籍中出现，使教徒们刻骨铭心并从中领悟玄机。从这个意义上说，《圣经》就是一本很好的案例教科书，布道就是在进行生动的案例教学。[①]

案例教学的价值在于它提供了一个真实的情境，学习和实践被整合在一起，学生有机会行动起来并且"做中学"，这既是获得知识的过程，也是各种思维包括理解、比较、分析、综合、评价、反思、创造等被充分激发的过程。我们来看澳大利亚高中地理教材"全球相互作用"单元关于"贫穷国家的共同特征"的案例教学。[②]

一个贫穷乡村中潘恩家的一天生活

4:30　第一、第二和第三声公鸡的啼叫回荡在 Kandal 省 Kien Svsy 区平坦肥沃的土地上时，努蓉和她的丈夫潘恩起床了。他们将菜园中的蔬菜收割下来，扎成捆后背在肩上，走上了沿着流向东京湾的湄公河边上的乡间小路。这时好像整个国家的人都在路上。工人们骑着自行车花两个小时去首都金边工作；自行车夫的前轮行李架上载着他们的顾客；摩托车拉着拖车，上面载满着携带农产品去集市的人们。努蓉搭乘其中的一辆拖车，潘恩将园中收获的蔬菜堆在她身边。

潘恩牵着他的公牛去田边草地吃草，同时给他的菜地浇水，而他的大女儿照顾比较小的孩子。从 1979 年起，他与 10 到 15 个其他的家庭合作种植水稻，向国家缴纳约百分之七的税款之后，其余收成大家平分。

政府鼓励农民种更多的粮食并卖掉他们的余粮，但是潘恩和

---

① 有关"案例""案例教学"的内涵与历史沿革参见孙军业：《案例教学》，天津教育出版社 2004 年版，第 6 页；郑金洲：《案例教学指南》，华东师范大学出版社 2000 年版。
② 褚丽娟：《中学生地理方法和地理观点培养的案例教学设计研究》，东北师范大学 2006 年硕士学位论文。

许多其他农民一样对此不感兴趣。国家在农业上仅能勉强维持自足，而今年气候又特别干旱，他知道在收割之前很难维持家庭的温饱。而且，国家以非常低的价格收购粮食，并用生活消费品购物券代替现金发给他们，而那些用购物券所购的商品也不是必需品。

6:20　村庄砖瓦厂的铃响了，紧接着国家的新闻广播从工厂的喇叭中传出，八岁的二女儿清塔前往学校。在潘恩房屋边的竹林中，织布机咔哒咔哒的声音紧随其后也响了起来。努蓉的姊妹们已经在工作了，她们编织一种机织的棉布——头巾，头巾通常制成红色或白色的，它们被柬埔寨人差不多用在每件事物上。直到最近，进行编织的家庭每年卖头巾可以赚得 18 元，而现在每个家庭差不多都在编织头巾挣钱，头巾的价格下降了。

8:45　努蓉已经从市集回来，她很快地洗干净一条鱼，这时她的丈夫在为早餐劈柴生火。她在集市上还奢侈地买了一片西瓜，两个最小的孩子清菜和菜恩围着她笑。大女儿清杉盯着水果耐心地等候着。早餐时潘恩从田里回来，默默地坐在织机旁，用旧的学校笔记本的纸卷烟。努蓉用尽可能少的木柴煮饭，因为木柴已经很少了。

9:30　潘恩和他的妻子回田里工作去了。13 岁的大女儿像一个母亲一样把小弟弟背在肩上。她看上去比她的实际年龄要大。

……

12:30　房屋影子的长度告诉努蓉，现在该是她的大女儿去午间学校的时间。清杉很快穿上对她来说过小的学校制服，一把抓过母亲递给她的用来吃午餐的几个硬币，骑上脚踏车去三公里之远的学校。

潘恩与他们的邻居一起尽他们所能为学校教育做点事情。重建村庄学校后，他们为自己的孩子买钢笔和笔记本，但是他们不指望能担负进一步的教育，除非对于他们的儿子。尽管国家大力推动教育，但仍有 50% 的儿童读完小学后就辍学了，特别是女孩，她们的教育不被重视，她们要在家照顾弟妹，有织布的活要干。

　　12:50　工厂的铃声告诉每个人在午餐之后该回去工作了。

　　14:30　潘恩去把公牛牵到阴凉处。努蓉放下她的纺织活，叫回放学了的清杉，把醒来的菜恩给她，努蓉裹上头巾，到田里照看明天要到市集上卖的蔬菜。

　　16:00　当她的丈夫今天最后一次给菜园浇水的时候，努蓉回到屋子，取了另一块干净的头巾，带清菜和菜恩去井边洗澡。努蓉往孩子们的头上浇了一桶水，用手擦去孩子们身上的灰尘。由于没有肥皂，孩子常常因此而得皮疹。

　　18:30　潘恩把公牛牵了进来，拴在果树下过夜。他坐在织机前，努蓉在准备晚餐的饭、鱼、卷心菜和青芒果。猫在织机的一角，狗在下面，家里的一小片碎食都不会被浪费掉。

　　21:30　当开始宵禁的时候，孩子们都已经睡着了。宵禁告诉男人和女人们该回家了。它每夜提醒人们，国家相对的、新建的和平仍是非常脆弱的。

阅读案例，完成下列各项作业：

1. 列出潘恩一家和你的家庭在生活方式上的不同之处。
2. 概括说明柬埔寨和澳大利亚在农业生产上有何明显不同。
3. 你认为潘恩一家日常生活中哪些方面是积极的？
4. 你能列出柬埔寨被视为"不发达"的特征吗？
5. 运用柬埔寨的人口统计数据，构建一个人口金字塔。
6. 说明柬埔寨人口金字塔和当今人口增长率之间的关系。
7. 解释柬埔寨的发展水平是如何影响潘恩一家生活质量的。
8. 做一些柬埔寨历史的研究。你认为哪些历史因素可能造成现在的问题？

　　这个案例完整、真实、富有情感，潘恩家的生活如一幅画、一个故事般被呈现出来。我们在案例中找不到诸如"柬埔寨交通不便、教育落后、人畜饮食困难"等概念化内容，而是看到了潘恩一家真实的生活记录，学生得以藉此真实体验柬埔寨人民的生产和生活方式。教学案例所附的八项作业体现了非常有价值的教学目标，涵盖了观察、比较、概括、分析和应用等思想方法的培养。这则案例并没有囿于地理学科的范围，而是与政治、经济、文化结合，如要求学生作一些历史研究，找出当前问题的历史根源。可以说，这样的教材呈现给学生的只是一个引子，旨在让学生通过这个引子去主动思考、积极探索。

当前，中小学教学提倡学生面对真实的情境和问题，完成真正的任务，很多学校在推行探究式学习、项目式学习、STEM 教育、综合实践活动（参见本书第九章相关内容），案例教学则是这些教学模式的内核，有效地响应了教学改革的需求。此外，案例教学的珍贵之处还在于，这样的教学体现了对学生的尊重和高期望。学生不是一个空空的容器等着教师把知识倒进去，学生可以也应该用更有价值、更有尊严的方式学习——面对真实的问题，接受真正的任务——他们因此焕发想象力，表现出创造性。学生在这样的教学中有机会主动获取与整合知识，并与其未来的人生关联起来。

3. 作比较

比较是人类基本的认知方式、认知特点。

人们在比较中认识事物，某种意义上，也只有通过比较，人们才能对事物形成精确、深刻的认识。这就好像一个在山区生活了十几年的人来到平原，经过比较后才能对过往山区生活的自然环境、交通、医疗、教育、风俗、饮食等形成反思性的深刻认识。

人类的诸多知识本身就是耦合乃至相互依存的，在相互的比较中才有意义。例如，李白的诗狂放飘逸，杜甫的诗沉郁顿挫，我们在二者的相互映照中对这两种风格形成更深刻的理解。换言之，狂放飘逸是因为沉郁顿挫的存在而更鲜明、更有意义，反之亦然。叶嘉莹强调她在讲授诗词作品时，非常重视作品之间的关联对比[1]：

---

① 叶嘉莹：《嘉陵文集（九）》，河北教育出版社 1997 年版，自序第 9 页。

我在讲授每一家的作品之际，于叙述其个别的风格特色之时，也同时都兼顾了他们在纵向与横向之间的影响和关系，即如冯延巳对于晏殊及欧阳修之影响，以及三家词之异同；柳永词在内容与形式两方面的拓展，及其对苏轼与周邦彦之影响；苏词对辛弃疾的影响，以及苏、辛二家词之异同；周邦彦对南宋之姜夔及吴文英诸人之影响，以及周、姜、吴三家词之异同；王沂孙咏物词之特色，及其在整个咏物之传统中的地位。

值得重视的是，人类的很多知识是在有意识的比较中生成和积聚的。例如，当我们发现了宏观世界的物理规律，自然就会想，微观世界会显现同样的规律吗？植物世界的发现迁移到动物界会有什么不同吗？西方与东亚社会为何在某些价值观上有如此大的差异？古诗词与现代诗歌创作、赏析的规律有何不同？人们在主动的比较中进行思考，从而对世界形成更精准、更本质的认识，我们在教学时有必要将这种认知方式引入到学生的学习中。

总的说来，教学中运用比较主要有横向比较和纵向比较两种形式。横向比较指对相同或相似事物的比较，某个（些）方面的相似性是对它们进行比较的基础。换言之，只要两个或多个事物在某些方面存在相同或相似的地方，就可以对它们进行比较。这种相同或相似，既可以是表层、具象的相同或相似，也可以是深层、抽象的相同或相似。纵向比较指基于时间的尺度，以发展的眼光对事物进行比较，如将宋代与唐代的诗进行比较，将某个作家不同时期的作品进行比较，将不同时期人们对某个物理现象的认识进行比较，等等。

教师在教学时，可基于教学目标灵活运用多种比较方法。以下是孙绍振教授运用比较的方法解读《故都的秋》，我们来看运用比较对优化教学效果的价值[①]。

在《济南的秋天》中，老舍称赞了秋天的"清"，秋天的

---

① 钱理群等：《解读语文》，福建人民出版社 2010 年版，第 221–224 页。

"静"。"济南的秋天是诗境的。设若你的幻想中有个中古的老城，有睡着了的城楼，有狭窄的古石路，有宽厚的石城墙，环城流着，一道清溪，倒映着山影，岸上蹲着个红袍绿裤的小妞儿，你的幻想中要是这么个境界，那便是济南。"

而郁达夫，显然也是表现秋天的诗意的，他在开头这样说："秋天，无论在什么地方的秋天，总是好的；可是啊，北国的秋，却特别地来得清，来得静，来得悲凉。""在皇城人海之中，租人家一橡破屋来住着，早晨起来，泡一碗浓茶，向院子一坐，你也能看得到很高很高的碧绿的天色，听得到青天下训鸽的飞声。从槐树叶底，朝东细数着一丝一丝漏下来的日光，或在破壁腰中，静对着像喇叭似的牵牛花的蓝朵，自然而然地也能感觉到十分的秋意。说到了牵牛花，我以为以蓝色或白色者为佳，紫黑色次之，淡红色最下。最好，还要在牵牛花底，叫长着几根疏疏落落的尖细且长的秋草，使作陪衬。"

郁达夫对色彩的欣赏，和老舍很不相同。老舍在第一段已经亮出了红袍绿裤，写到济南的秋水："那份儿绿色"，"终年在那儿吻着水皮，做绿色的香梦。淘气的鸭子，用黄金的脚掌碰它们一两下。"同样写北方的文化大都市，老舍对于色彩的欣赏显然偏重于鲜艳。而郁达夫恰恰相反，是逃避鲜艳的，而且他还欣赏残败的生命，牵牛花的色调已经十分淡了，还要强调最好有疏疏落落的秋草作陪衬。枯草有什么美？有什么诗意呢？"租人家一橡破屋"，为什么要破屋？破屋才有沧桑感，因为这是古都，历史漫长，文化积淀不在表面上，是要慢慢体会的。

凡是属于生命的景象都有感悟生命的价值。生命的蓬勃，自然可以激起内心欢愉的体验，这是一种美的感受。直面生命衰败的感觉，沉思生命的周期，逗起悲凉之感，也是一种生命的感受。谁说悲凉就不美呢？当现代作家一窝蜂地挤在秋天的欢乐情境中的时候，郁达夫却着意表现秋天的悲凉美，难道不是一种审美情感的开拓吗？从审美教育来说，不是对心灵境界的一种丰富吗？

　　郁达夫式的悲秋，固然有中国文人传统的血脉，但是，却也可以隐约感到一些区别。中国文人从宋玉开始就定了调子："悲哉，秋之为气也，萧瑟兮，草木摇落而变衰。"从杜甫的《秋兴》"听猿实下三声泪"到马致远的《天净沙》"断肠人在天涯"，乃至《红楼梦》"已觉秋窗秋不尽，那堪秋雨助凄凉"，都是把秋愁当作一种人生的悲苦来抒写的。在郁达夫的《故都的秋》中，传统的悲秋主题有了一点小小的变化，那就是秋天的悲凉、秋天带来的死亡本身就是美好的，诗人沉浸在其中，并没有什么悲苦，而是一种人生的享受——感受秋的衰败和死亡，是人生的一种高雅境界。这就不但颓废，而且有点唯美。

　　日本传统美学中有个非常重要的概念：物哀。对此《日本国语大辞典》这样解释：事物引发的内心感动，大多与"雅美""有趣"等理性化的、有华彩的情趣不同，是一种低沉悲愁的情感、情绪。把外在的"物"和感情之本的"哀"相契合而生成的协调的情趣，有自然人生百态触发、引生的关于优美、纤细、哀愁的理念。川端康成在1952年写成的《不灭的美》中说"平安朝的物哀成为日本美的源流""物哀这个词同美是相通的"。

　　孙绍振将《故都的秋》与老舍的《济南的秋天》进行比较，与中国古典的悲秋进行比较，与日本的物哀文化进行比较，正是在多重、多向的比较中，《故都的秋》被深入诠释，其特点完全凸显出来。可以想象，如果一个语文教师能在课堂上引用如此丰富的素材，在充分的比较中进行教学，这样的教学将多么迷人，学生将有多大的收获！

　　下面这个美术教学的案例中，教师也运用了比较法，与上述比较不同的是，这是体现"正—误""高—低"的价值比较[①]。

---

① 季琴芬：《让示范为课堂添彩》，《教育艺术》2009年第1期。

上"绘画构图知识课"时，教师仅展示出几种正确的构图范画还不够，还必须展示出有错误的几种构图，两种构图范画相互比较，使学生通过对比，对构图中的正确与错误认识明确，过目不忘。如比例对不对，结构准不准，色调是否统一和谐等，很快就能一目了然，学生对成败是非的幡然醒悟在分秒之间。此外，像黑白的节奏、色调的关系，教师就可以用范画的形式，多幅相比，然后汰劣择优，直到剩下最完美的一幅。

在《会变的线条》一课中，我出示两张范画，一张注意了线条疏密、粗细、方向的变化，另一张线条层次不清，比较紊乱。通过比较，学生对范画中线条的不同运用有了明确的认识。再如在《纸带穿编》一课教学中，我先让学生上台尝试示范，由学生自己探究解决问题，通过两次的穿编比较，自我总结规律。让学生在"做中学、学中做"，通过自己实践体验获得的直接经验要比从课本、老师、家长那里得到的间接经验更易理解，印象更为深刻。

这个案例表明，通过比较，一方面向学生揭示了容易走的弯路和常犯的错误，让学生"防患于未然"；另一方面，在比较中使学生对于"优"与"劣"有一个比较明确的鉴别，为学生从"知其然"到"知其所以然"提供了有力的支持。

综上所述，打比方、举例子、作比较是教师的三项基本功，对优化教学效果、提升学生学习兴趣很有价值。教师在教学中要做好这三件事，学习、实践当然重要，但更重要的是教师要积累丰富、鲜活、贴近学生生活经验的素材。前述许多生动鲜活的案例，体现了教师丰厚广博的知识、鲜活细腻的经验和深刻独到的视角。因此，教师一定要多积累、多琢磨，不但从书本上，也从生活实践中不断积累丰富的、高质量的教学素材，为打比方、举例子和作比较奠定基础，创造条件。

第九章　动——活动与互动

　　课堂教学常被诟病的地方就是让学生安静、统一地坐在教室中听讲，这对学生来说是一个被动的、了无生趣的过程，不但不利于学生真正获取、理解知识，还败坏了学生学习的胃口。

　　瑞士心理学家皮亚杰认为："个体的发展实际上就是练习、经验、对环境的作用等意义上的大量活动的产物。"[①] 审美大师朱光潜指出："人生来好动，好发展，好创造。能动，能发展，能创造，便是顺从自然，便能享受快乐，不动，不发展，不创造，便是摧残生机，便不免感觉烦恼。"[②] 美国教育家杜威认为，"'从做中学'是教育的基本原则，教学过程应该就是'做'的过程。儿童生来就有一种要做事和要工作的愿望，对活动具有强烈的兴趣，对此要给予特别的重视。'从做中学'也就是'从活动中学''从经验中学'，它使得学校里知识的获得与生活过程中的活动联系了起来"。[③]

　　这三位大师对教育教学有一个共同的期许——让学生"动起来"！下面我们来看一个例子，体会让学生动起来的教学对学生来说意味着什么。我的学生在作业中记述了她难忘的一节初中英语课。

　　　　给我印象最深、让我受益最多的一堂课，是初中的一节英语课，让我第一次体会到学习英语的乐趣。

　　　　还记得当时在学习有关圣诞节的一课，由于对课本中涉及的

---

① ［瑞士］皮亚杰：《儿童的心理发展》，傅统先译，山东教育出版社 1982 年版，第 107 页。
② 朱光潜：《美是一生的修行》，现代出版社 2019 年版，第 114 页。
③ 转引自崔聚兴：《中外学前教育简史》，南开大学出版社 2014 年版，第 274 页。

文化知识不熟悉，再加上学生大多不喜欢背单词，如果老师按照传统的方式讲课，大家肯定提不起兴趣。意外的是，在那堂课前老师布置了一个任务——每个人要在课下收集一个有关圣诞节的小故事，下节课在课上分享。这对刚刚进入初中的孩子来说无疑是个新鲜的挑战。抱着一定要找出一个最精彩、最不同寻常的故事的心情，我在新华书店仔仔细细翻遍了有关圣诞节的书籍，就连妈妈也纳闷老师有什么灵丹妙药能让我这种一见英语就头疼的人开始"钻研"起英语来。

上课了，老师带着大家围成一个大圈，鼓励我们向全班同学讲述自己找到的圣诞小故事。不同于平日的课堂，这次大部分同学都踊跃回答，甚至一些内向的同学也在轻松欢快的气氛中积极参与进来。通过丰富多彩的圣诞故事和老师的点评，我们对圣诞文化有了很多了解。这堂课最精彩的部分是讲故事之后的"背单词"环节。老师将班级中 50 多名学生分成两组，并发给每组同学一些写着英文字母、和生日帽子很像的"字母帽"，带上帽子，我们就成了可爱的"字母小人"。老师先在黑板上写下一个有关圣诞节的英文单词，例如 Christmas，并给每组同学 30 秒的背诵时间，时间一到老师就立刻擦掉单词，让每组学生按照单词的字母顺序站成一队。同时，老师还细心地考虑到了所给单词中字母出现的频率，保证每个人都能在拼单词中发挥作用。sledge，present，chimney……同学们努力记住老师给出的每一个单词。通过与单词亲密互动，对单词的记忆明显得到加强；如果记错了，通过同组其他同学的纠正，会把这个单词记得更加牢固。有些调皮的同学还在队伍中扭动身体摆出字母的造型，逗得大家捧腹大笑。一堂枯燥乏味的单词课被老师像变魔术一样变得妙趣横生。

这就是动起来的课堂、动起来的学生！学生主动收集圣诞小故事并且和同学们分享，学生和字母、单词一起"行动"，这些活动优化了教学效果，提升了学生的学习兴趣，学生的思维能够被充分地激活。让学生"动起来"是优化课堂教学的必由之路。认知发展理论认为，个体的智慧和认识是在与环境相互作用的过程中发展的。因此，"活动"与"发展"紧密联系，无论是思维、智慧的发展，还是态度、意志、价值观的形成，都是通过学生与学习内容之间的互动实现的。

教师可从两个方面入手让学生在教学中真正"动起来"：一是任务驱动，二是加强师生、生生互动。

1. 任务驱动

经济合作与发展组织（OECD）实施的"国际学生评估项目（PISA）"对 15 岁青少年学生的阅读、数学、科学等多方面能力进行评估，其核心理念是[①]：

> 评估基于终身学习的动态模型，该模型说明了贯穿一生的、成功适应一个不断变化的世界所必需的知识和技能。OECD/PISA 关注 15 岁青少年在未来需要的技能，评价他们在多大程度上能学以致用。评估会参考但不会局限于各个国家的课程。因此，OECD/PISA 评估学生的知识，也测查他们面对真实世界中的问题时反思、应用知识的能力。……在更广义的视角，我们用素养（literacy）这个词概括知识（knowledge）和技能（skills）的内涵。

PISA 明确指出："PISA 测量学生完成与真实生活相关的任务的能力，这有赖于学生对关键概念的理解，而不是局限于评价学生对特定学科知识的理解。"在提倡教学要关注学生能力与素养的背景下，这样的理念对中国的中小学教学是有启发的。学生走入社会需要应对各种任务的挑战，课堂教学

---

① 《The PISA 2003 Assessment Framework》第 9–10 页，https://www.oecd.org/education/school/progr ammeforinternationalstudentassessmentpisa/33694881.pdf。

帮助学生为此做好准备是必然的选择。以真实、类真实的任务驱动教学是实现上述理念的关键，这样的教学能够让学生"动起来"，从被动接受知识转向主动学习，从而更高效地获取知识、增长才干。

下面我们将介绍四种以任务驱动为核心的教学模式：探究式学习、翻转课堂、STEM 教育、项目式学习。

● **探究式学习**

探究是人的本能，是个体最值得被珍视的能力。我们来看教育家约翰·霍特（John holt，1923–1985）对不满 6 岁的斯科特探究行为的观察[1]。

> 他把锁定键按了下去，然后很高兴地用美元符号来组成图案。后来，他不小心把锁定键释放了，这样他就得到了一排 4，而不是美元符号。他不喜欢这个，并且说了出来。然后他开始试图把美元符号找回来，一边试，一边嘀嘀咕咕地说着"让我们试试这个"。他按了第一个无标记键，然后又按另一个，获得了很多意想不到的、不想要的结果，直到最后他终于敲到了锁定键，不见的美元符号又恢复了，他才满意。他的老师后来说，班上"聪明的"孩子和"不太聪明的"孩子之间的差别很明显，因为聪明的孩子能够非常有意识地运用科学方法，对试错法进行选择性运用。他们运用这个方法不仅仅是想找出他们想知道的事情，而且他们是有意识地在运用。

斯科特的行为是典型的探究，他要面对和解决的问题是找到能打出美元符号的按键。其行动显现了探究朴素和幼稚的形态，但其中包含了探究的要素——他运用了归纳的方法，即基于一系列具体的事实、操作发现因果关系。1990 年美国科学促进会发表的《2061 计划》强调，科学教育应当符合科学探究的特点；1996 年公布的《美国国家科学教育标准》将探究列为学习

---

[1] ［美］霍特：《孩子是如何学习的》，张雪兰译，北京联合出版公司 2016 年版，第 32–33 页。

科学的核心方法。^①鼓励学生以探究的态度投入到学习中，使其掌握探究的方法，是让学生在学习中"动起来"的根本举措，也是所有任务驱动教学模式施行的基础。

探究式学习可追溯到 20 世纪初杜威的思想和主张。杜威对当时的科学教学过分重视知识、忽视科学思维和科学态度的做法提出强烈批评。他主张"做中学（hands-on）"，强调动脑，强调主体与外部相互作用基础上的反思。杜威指出，儿童天生具有四种需要：交流或交谈的需要、探究或发现的需要、制作或建造的需要、艺术表现的需要。^②杜威提出了有助于学生探究的五步教学法：设置疑难情境、确定问题、提出假设、制定并实施解决问题的方案、评价结果。这为探究学习的实施奠定了基础。^③

1959 年 9 月，美国国家科学院召开了专门研究中小学理科教育改革的会议。教育心理学家布鲁纳作了《教育过程》的报告，率先倡导在教学中应用发现法，让学生通过发现获得知识和问题的答案，并因此学会如何学习，增强探究能力。美国芝加哥大学教授施瓦布 1961 年在哈佛大学作了《作为探究的科学教学》的报告，提出了与发现法相似但更具操作性的教学方法——探究学习。这种教学方法更加重视科学概念、科学方法、科学态度的整合及对科学探究过程的理解。对于探究教学，施瓦布提供了三种可供选择的建议：

－ 提供问题和探究问题的方法，让学生通过探究发现他们原先不知道的关系；

－ 提供问题、方法和答案，由学生独立地作出决定；

－ 学生面对现象，自主提出问题，收集证据，并基于自己的探究给出科学解释与建议。

美国国家研究理事会提出，探究学习包括五个方面的活动：

－ 提出问题。学习者围绕科学性问题展开学习活动。

① 柴西琴：《对探究教学的认识与思考》，《课程·教材·教法》2001 年第 8 期。
② ［美］杜威：《学校与社会·明日之学校》，赵祥麟等译，人民教育出版社 1994 年版，第 50 页。
③ 柴西琴：《对探究教学的认识与思考》，《课程·教材·教法》2001 年第 8 期。

– 收集数据。学习者获取可以帮助他们解释和评价科学性问题的证据。

– 形成解释。学习者根据事实证据形成解释，对科学性问题作出回答。

– 评价结果。学习者通过比较其他可能的解释，特别是那些体现出科学性理解的解释，来评价他们自己的解释。

– 表达结果。学习者要阐述、论证和交流他们提出的解释。[①]

探究的本质与关键是发现和解决问题，包括"是什么""为什么""怎么办"三类问题（本书第二章和第七章分析了这三种问题在教学中的表现）。从思维的角度看，探究包括五个紧密相关的过程：

– 注意与聚焦。对认识对象形成注意，聚焦其中的关键因素，生成有价值的、值得探究的问题。

– 本能与直觉反应。基于本能与直觉对事物进行初步描述与解释，尝试解决问题。

– 调动已有知识和经验。将部分问题转化为熟悉的情境，调动已有知识和经验解决问题。

– 实验与观察。对无法用已有知识和经验解决的问题，运用观察、实验等方法，遵循一定的逻辑规则——归纳和演绎——以解释、诠释的方式阐明事物的因果关系、发展规律。

– 验证与泛化。对基于某种条件得到的探究结论，在更多样的条件和情境下进行验证，或在更大范围形成迁移，以形成更上位、更泛化的认知。

上述探究的方法、过程、要素不仅适用于科学和工程领域，同样适用于社会科学及艺术学科。例如，前述孙绍振分析《三峡》美在何处就是一个探究的过程。他面对的问题是：一个没到过三峡的人，为什么写出的有关三峡的文章能成为千古名篇，有着撼人心魄的美？他需要发现和明确问题，寻找资料和证据，基于经验和逻辑对资料、证据进行整合与判断，在此基础上得到结论即问题的答案。

总的说来，个体的知识和经验越丰富，探究的方法掌握得越好，逻辑思

---

① 刘儒德：《探究学习与课堂教学》，人民教育出版社 2005 年版，第 11 页。

维能力越强，其探究的效率和效果也会越好。前述案例中，斯科特显然缺乏相关的知识储备，如键盘上的按键不是随机布置而是按功能区排列的；他之前也没有解决类似问题的经验，因此才会用基于本能的、随机试误的方式解决问题。而孙绍振基于丰富的文学知识、历史史料，以及对中国士人审美意志的准确把握，对《三峡》的审美意蕴进行了精辟的分析，很好地回答了"一个没到过三峡的人所写的关于三峡的文章为何成为经典"的问题。

探究式教学中，教师一定要重视培养学生的逻辑思维和推理能力，这对探究来说非常重要。例如，爱迪生 1879 年投入了对白炽灯的研究，他在试验中不断提高灯泡的真空度，还用过 1600 多种材料做灯丝试验。最终，他用碳化棉线作灯丝，制成了可连续发光 13 小时、具有实用价值的灯泡。1880 年，他又研制出寿命长得多的碳化竹丝灯，使白炽灯可以被商业化应用。我们可以看到这个过程中逻辑思维的介入：爱迪生主要运用归纳法——进行多次试验收集具体信息——以解决问题。当然，爱迪生的探究中也有演绎推理：他发现合适的灯丝前，就有很多发明家进行了卓有成效的试验，如英国发明家约瑟福·斯旺根据美国发明家斯塔尔提出的"真空玻璃泡内的通电碳丝能发光"的说法，将碳化纸条置入抽成真空的玻璃泡中制成了白炽灯，只是因其寿命太短并无实用价值。因此，爱迪生围绕碳化物质寻找灯丝材料，有基于已有知识进行演绎的成分，如果没有这样的知识储备，爱迪生灯丝试验的次数可能还要大大增加。

基于上面的分析我们可以看到，真实、类真实的问题和任务是学生探究得以开展的载体；解决问题、完成任务是探究的基本形式。因此，问题和任务的质量是决定探究有效性的重要因素。问题和任务的内容、形式、难度与教学目标应紧密关联，并且适合学生的能力水平，还要能够调动学生的兴趣。用于探究的问题和任务应当有真实性，但不能将人们曾经或正在面对的问题、要完成的任务原封不动地呈现给学生，如让学生完全重演爱迪生发现可商业化灯丝的过程，或解决当前发明新的发光材料的问题，这与学生在有限时间内进行浓缩式学习的模式是相悖的。解决问题、完成任务的目的是培养学生以思维能力为核心的综合素质，问题、任务的设置应以此为旨归，对真实的问题、任务进行提炼和浓缩，让学生的思维在解决问题、完成任务的过程中得到更高效、更直接的培养。因此，让学生探究不是把学生扔到问题、任务的丛林里让其"自生自灭"，而是以教育教学目标为导向，匹配恰当的任务，在探究过程中加强指导与反馈。

最后需要强调的是，有价值的探究——包括提出问题、探究过程、探究结果——往往包含开放性和不确定性，这是探究中非常珍贵的成分，是探究的关键价值所在。因此，要警惕探究教学中的两种错误倾向：一是科学探究模式化，把学生局限于程序化的框架中，刻意追求实验的正确性和技术规范；二是离开科学内容单纯讲授科学方法，把科学探究过程纯粹当作知识来讲。

● **翻转课堂**

翻转课堂译自英文 Flipped Classroom，也被译作"反转课堂"，源于美国科罗拉多州伍德兰德公园高中的化学老师乔纳森和亚伦的教学实践。他们学校有很多学生因参加比赛和各种活动而错过大量课程，如何让学生补上落下的课程是个难题。有一天，亚伦给乔纳森看了一篇关于某种软件的文章，这种软件能够记录 Power Point 的内容，包括语言和注释。他们意识到利用这种软件或许可以帮助落课的学生赶上进度。2007 年的春天，乔纳森和亚伦开始录制视频课程，并且将其放到网上供学生使用。翻转课堂真正诞生并面向所有学生，源自乔纳森和亚伦对单向传授的教学形式进行改革的愿望，他们在介绍翻转课堂的书中写道[1]：

> 我们两个人的教学经验加起来有 37 年，也曾一度沮丧不堪，叹惜学生无法灵活掌握我们课上讲解的知识，无法利用这些知识来完成课后作业。后来有一天，亚伦有了一个将要改变世界的想法："只有学生卡壳了，需要我特别帮助时，才是他们真正需要我

---

① ［美］乔纳森·伯格曼：《翻转课堂与慕课教学：一场正在到来的教育变革》，宋伟译，中国青年出版社 2015 年版，第 19 页。

现身的时候。他们不需要我一直都留在教室里，对着他们喋喋不休地讲着课程内容，他们自己就能学习课程内容。"然后他提出这样一个问题："我们把所有的课堂讲稿都预先录制下来，学生观看视频，作为家庭作业，然后我们可以用整堂课的时间来帮助学生厘清他们不懂的内容。"我们的翻转课堂就这样诞生了。

翻转课堂教学的基本模式是：教师利用多媒体软件和互联网平台，整合、制作高质量学习资源供学生课外学习。教师通过了解学生课外学习的状况，在课堂教学中对其进行有针对性的辅导；同时，以学生的课外学习为基础，教师有更充裕的时间开展更有价值的教学活动，藉此提高教学效率，优化教学效果。与传统课堂教学相比，翻转课堂的优势与价值在于：

　　－ 强化了学生在学习中的主体地位，有利于实现以学定教。

　　－ 促使学生为自己的学习负责，使其更充分地参与到学习中。

　　－ 学生在学习进度、学习强度、学习方式上有更多选择的自由。

　　－ 学生可以用多样化的方式表达自己的学习成果，这有助于他们建立自信心。

　　－ 有利于教师关注学生的个体差异，对学生进行更有效的个别指导。

　　－ 有利于教师在课堂上实施价值和必要性更高的教学活动。

　　－ 符合互联网时代学生的学习习惯。

翻转课堂的肇始者指出，有三个要素对翻转课堂的质量有重要影响[1]：①精心编辑课程内容，使学生的学习更加深入。②调动学生的好奇心，提高其学习的主动性和有效性。③密切师生关系，优化师生互动，给予学生更有效的指导。下面是美国高中数学教师克丽斯特尔的"翻转故事"，我们可以从中体会翻转课堂施行的关键及其效果[2]。

　　我厌倦了逼迫所有学生"按部就班"地学习。我厌倦了为完

---

[1]　［美］乔纳森·伯格曼等：《翻转学习：如何更好地实践翻转课堂与慕课教学》，王允丽译，中国青年出版社 2015 年版，47–55 页。
[2]　同上，第 59–74 页。

成教学任务"走马观花"似的讲课，而我的学生可能没有理解所学内容的深层含义。我厌倦了让学生盯着我，有的全神贯注，有的早已心猿意马。我厌倦了"只管教好中等生"，没有帮助想取得更好成绩的学生，更没有顾及那些游走在边缘的学生。我厌倦了被动的学生，他们等着我一勺一勺地喂，却在测验时全都吐还给我。

那天晚上我坐下来制作了一个视频，在短短的五分钟里，我向学生解释了当天课堂上没有描述清楚的概念，然后我把视频上传到 SchoolTube 上，并在课程网站 Edmodo 上分享了链接地址，我希望这个视频可以缓解学生做家庭作业时的压力和挫败感。这个举动让我思考：既然课堂时间是我与学生在一起的唯一时间，我为什么要把大多数时间用在记忆和理解这些非常基本的技能上，而不是用在应用、分析、评估和创造上？我尝试着制作另外一个视频，但这次的意图更明确：学生回到家，观看一个课程视频，视频介绍的是第二天课堂上将要讲解的内容。学生对这个视频的反馈非常积极。

我的课堂变成了以学习者为中心，我的一个学生阿琳每天上课都会提出一些很好的问题。在翻转课堂中，当你觉得自己理解了一个概念，第二天就可以单独考试。每一个学生都在与另一个学生对话，每个人掌握数学概念的节奏不同，一个学生掌握了，而其他人可能还没有掌握，他们就会向队友寻求帮助。我开始注重培养学生更高层次的思维，包括应用、分析、评估和创造。学生不仅能把学到的数学概念联系起来，而且还能与别的科目比如自然科学和历史建立联系。此外，我和学生还有更多时间以问答形式探索和发现其他概念。学生变得更加主动，他们对自己的学习负责，自由地探索、联想和发问。学生在翻转课堂不用等到老师讲完才敢提问题，他们有更多的时间可以支配，不仅与老师互动，还可以与同学交流。

刚开始翻转课堂时，我发现很多学生知道如何观看娱乐视频，却不知道如何观看教学视频。我开发了一个工具，称为"观看（Watch）—总结（Summarize）—提问（Question），WSQ"。观看：在观看视频的过程中，他们会看到我为他们制作的指导笔记，学生可以在需要的地方暂停，后退，重新观看，从而确保他们在参加小组学习之前已经理解重要的知识点。总结：在观看完视频后，学生要进行总结，写出他们学到的内容。这样做不仅有助于记住所学内容，而且有助于培养他们使用学术语言。起初我只是提出要求，现在我会给他们提供一些指导性的问题，或者已经开头的半个句子，帮助他们对所学视频内容进行总结。提问：在总结之后，学生要提出视频中没有理解的问题。好的问题会引发热烈的小组讨论，或根据视频中的问题举出类似的例子。我利用这些问题在课堂上指导讨论，然后用例子问其他同学，使他们得到更多的练习和拓展。

当学生来到数学课堂，通过 WSQ 我很容易判断是否还需要给全体再讲一遍，或者是否需要讲一下视频里没有解释清楚的问题。我还根据 WSQ 的反馈表格中收集的数据，基本可以判断每个学生的需求。有些学生可以开始小组讨论，这些学生已经能够与其他同学合作，练习当前的学习内容；有些学生需要再教一遍，我会单独指导这些学生，用新的方式讲解内容。我还提供单元测验，学生可以根据需要参加多次测验，直到他们掌握学习内容为止。当学生已经掌握一个概念时，他就可以参加针对这个概念的中期测评。中期测评也可多次参与。对每个学生而言，他们准备好参加中期测评的时间点是不同的，中期测评的形式也是多样化的，包括：

－ 针对单个概念的小测验。

－ 学生制作短视频描述他们的理解过程。

－ 分析其他学生出现的错误。

    – 回答一个大问题，即对一个单元主题的概括。

    – 将数学概念与真实世界联系起来。

    – 问答式活动，促使学生对一个关键概念形成自己的理解。

如果要用三个阶段来描述我的课堂发生的变革，那么可以说它们与我多年前希望达到的目标是相同的：以学习者为中心的环境，一个促进更深入学习和更高层次思维的环境，一个主动学习者的集合。

这个案例非常具体、鲜明地表现了翻转课堂实施的方法与策略，可作为教师构建翻转课堂的参考。同时我们应看到，翻转课堂对学生的自学和自我管理能力，以及教师的指导能力都提出了挑战，而这也是翻转课堂能够成功实施的基本条件。翻转课堂不是将学习任务甩给学生，教师可因此而减少工作量；相反，教师不仅要精心组织课外学习资料，而且要配套相应的学习效果检测工具，并且根据学生的学习情况提供个性化的、有针对性的教学指导，这对教学的全面性和系统性提出了更高的要求，教师需要在以往不熟悉的领域掌握新的教学技能，适应新的教学形式。

- STEM 教育

STEM 是科学（science）、技术（technology）、工程（engineering）和数学（mathematics）四个学科英文首字母的集合。由美国督导和课程开发协会主办的著名教育期刊《教育领导》在 2015 年 1 月出版了题为《全民 STEM》的专刊。权威期刊《自然》与《科学美国人》合作，在 2015 年 7 月 15 日集中推出几篇从幼儿园到大学的 STEM 教育的文章，并配以《培育 21 世纪的科学家》的封面文章和《一种教育》的社论。美国连接在校教育和职业生涯的期刊《技术》2015 年 3 月出版了 STEM 专刊，指出 STEM 教育已经成为教育改革和经济发展的焦点，STEM 教育意味着"今天的创新，明天的成功"。① 所有这些信息表明，当前 STEM 教育已跻身教育舞台的中央，对学生发展和人才培养有重要意义。

STEM 教育非常典型地体现了任务驱动的意涵，其核心目标与关键特征就是让学生整合、应用所学知识完成特定的任务，促进学生在实践中实现高品质的学习。STEM 教育的关键在于系统性培养学生以下四种素养：

– 科学素养。运用科学知识（如物理、化学、生物科学和地球空间科学）理解自然界并参与影响自然界的过程。

– 技术素养。使用、管理、理解和评价技术的能力。

– 工程素养。工程——狭义而言，将自然或人造物转化为具有预期价值的产品的过程；广义而言，为达到某种目的，在一个较长时间周期内进行活动的过程。工程素养即为实现工程目标而提出方案、解决问题的能力。

– 数学素养。能够以数学的方式表征和解决科学、技术、工程问题，并且能够运用数学知识在制定方案、解决问题时进行表达和沟通。

这四种素养对学生意味着什么？从社会需求的视角对人才培养又意味着什么？下面我们从 STEM 教育的发展历史中尝试获得此问题的答案②：

时　间	政　策	发布机构	核心内容
1983	《国家在危急中：教育改革势在必行》	美国教育优异委员会	大力培养创新型人才
1986	《本科的科学、数学和工程教育》	美国科学委员会	STEM 教育主体、目标与支持行动
1996	《从分析到行动：科学、数学、工程和技术的本科生教育》	美国科学基金会	STEM 本科教育的关键措施
2006	《美国竞争力计划》	布什政府	培养复合型 STEM 人才

---

① ［美］沙欣：《基于实践的 STEM 教学模式》，侯奕杰等译，上海科技教育出版社 2016 年版，第 1 页。

② 周榕等：《嬗变之路：美国 STEM 教育政策的历史演进与变迁逻辑》，《远程教育杂志》2019 年第 4 期。

时　间	政　策	发布机构	核心内容
2007	《美国竞争法》	美国国会	强调 STEM 教师培养，第一部 STEM 教育法案
2007	《国家行动：应对美国科学、技术、工程和数学教育系统的紧急需求》	美国科学委员会	强调 K-12 和本科阶段的衔接
2007	《准备 STEM 教师：全球竞争力的关键》	教师教育院校联盟	扩充 STEM 教师队伍
2010	《州共同核心课程标准》	美国州长协会	统一 STEM 课程标准
2011	《成功的 K-12 阶段 STEM 教育：确认科学、技术、工程和数字的有效途径》	国家科学委员会	制定 K-12 阶段 STEM 发展目标
2014	《STEM 教育：分析教育和劳动力之间的关系》	政府问责办公室	推进 STEM 职业发展
2016	《STEM 2026：STEM 教育中的创新愿景》	美国研究所与教育部	STEM 发展六大愿景与八项挑战
2018	《制定成功路线：美国 STEM 教育战略》（北极星计划）	美国科技委员会	所有公民都终身受益于高质量 STEM 教育

对 STEM 教育发展史的梳理表明，社会对大量高素质的科技与工程人才的需求是 STEM 教育生成和发展的核心驱动，这样的需求促使学校教育实现两方面的转变：一是加强学科整合，协同并系统地培养学生科学、技术、工程、数学素养；二是强化任务驱动的实践导向。这两个方面相辅相成——完成一个实际的任务，需要协同运用科学、技术、工程、数学知识；而真实、恰当的任务，又为四个方面素养的培养提供了实践平台，使 STEM 教育的理念和目标得以实现。

有研究者指出，STEM 教育有狭义和广义之分。[①] 狭义的 STEM 教育指

---

① 参见蔡海云：《STEM 教学模式的设计与实践研究》，华东师范大学 2017 年硕士学位论文。

科学、技术、工程、数学良好融合的教育，其中科学注重知识运用、技术注重改造创新、工程注重设计开发、数学注重分析推理，学生通过综合运用多个领域的知识与技能解决现实生活中的真实问题。广义的 STEM 教育被视为一种理念，旨在通过探究式、项目式、问题导向式、体验式等学习途径解决 STEM 学科问题或现实问题，以实现学生 STEM 综合素养的锻炼与提升。

教师在 STEM 教学设计时，要抓住两个关键点，一是指向真实的社会生活实践，二是体现多学科整合，促进学生综合运用多方面知识解决问题。我们来看一个具体的例子：电动自行车已经成为广泛使用的交通工具，很多人都感受过左、右手刹车的感觉不一样：左手的感受与普通自行车的刹车是一样的，越用力抓紧刹车力就越大；而右手的刹车似乎是一个开关，轻轻一握就会触发最大的刹车力，当速度降低到一定程度时无论多用力抓紧刹车，都没有刹车力了。绝大多数人遇到这种现象都不会对此进行进一步的思考和探究，而具有科学素养的人就会关注这个现象并生成问题："为什么左、右手刹车感觉不同？为什么右手刹车力与握紧程度无关？为什么速度低到一定程度右手刹车力就会消失？"此现象会引发一个实际的工程问题："电动助力车的刹车为什么要这样设计？"

基于这样一个生活中的实际问题，我们可以构建体现 STEM 理念的"电动助力车刹车设计"项目式学习。该项目学习包括四个关键：

第一，理解科学原理。可以让学生通过猜想、查资料等方式理解助力车刹车的科学原理。助力车搭载了能量回收系统，右手刹车实际上是一个开关，握紧刹车时开关被触动，此时助力车的电动机转换为发电机，将助力车的动能转化为电能回馈到电池中。同时，发电机中的感应电流由组成回路的导体作切割磁力线的运动而产生，根据楞次定律，运动导体上的感应电流受的磁场力总是反抗或阻碍导体的运动，这种对导体运动的反抗或阻碍即为助力车的制动力。

第二，实施技术应用。一般地说，科学要回答"是什么"和"为什么"的问题；技术则回答"做什么"和"怎么做"的问题。技术的发明是科学、经验知识的物化，可看作是"科学的应用"。同时，技术的实现和发展往往成为科学研究的目的，而技术的发展又为科学研究提供必要的技术手段。基于对"技术"内涵的分析，结合中小学教育的实际情况，我们可以将教学重点放在让学生设计、选用制造助力车刹车系统的方案上，让学生通过查阅资料，结合动能回收系统的科学原理，澄清该系统的硬件组成及其关系，构思不同的实现目标的方案——不同的方案意味着实现刹车系统功能的思路不一样，包括材料、零部件、结构、工艺、配套，等等——并且在不同的技术方案间进行选择。

第三，实施工程设计。工程是指基于科学和技术使自然界的物质与能源通过各种结构、机器、产品、系统和过程被做成高效、可靠且对人类有用的东西。对中小学生来说，助力车刹车系统的设计和制造就是一项"工程"，它意味着要将科学知识与技术手段进行整合，制造出一个真实、实用、高效的产品。此外，这个产品有商品属性，要面向市场，因此不仅要考虑其性能，还要考虑多种可能影响销量的因素，如使用感受、形象设计、性价比、流行元素，等等。

第四，进行数学计算。数学计算贯穿整个"电动助力车刹车设计"项目的实施过程，包括前期的理论构思，中期的技术规划，后期的产品制造与销售。教学中可引导学生利用数学知识对系统中的各要素进行数学表征与量化，建立数学模型，基于数学计算进行判断和决策。

总之，将助力车刹车设计的任务交给学生，为实施 STEM 提供了一个很好的平台。值得注意的是，给学生布置的设计任务是一个典型的项目（project），因此，STEM 教育与下面要介绍的项目式学习关系非常密切——STEM 教育往往藉由项目式学习得以实施，即通过设定一个涉及科技与工程的项目，使学生在完成项目的过程中获得知识并提升科学、技术、工程、数学素养。

● 项目式学习

早在 100 多年前，杜威等教育家就提出体验式学习、"做中学（hands-on）"等理念，很多教师组织学生开展实地考察、实验室研究、跨学科活动。"做项目"在美国教育中已是一个长期的传统，项目式学习即植根于这种传统之中。项目式学习（project based learning，PBL）的产生和发展有一个深层次的驱动，如杜威所言："如果学生专注于现实生活中有意义的任务和问题，而这些问题和任务仿效了专家在现实生活中的工作，学生会开展对所学材料的个人兴趣投资。"①正式把这种教与学的方法称之为"项目式学习"则源于近三十年学习理论的革命和社会对教学改革的需求。知识、思维、行动与学习环境密不可分，基于项目式学习，学生运用知识解决真实的问题，加深对知识的理解，能够成长为一个更有能力，更有责任心的公民。② 有研究者指出 PBL 的五个关键特征：

　　– 项目是课程的核心。

　　– 具有驱动性的问题是所有 PBL 的关键。

　　– 学生主动对问题进行探究。

　　– 项目以学生为中心，涉及学生对学习过程的控制。

　　– 项目是真实的，学生面对现实世界的挑战。③

总的说来，PBL 的价值表现在以下这些方面：

　　– 超越知识、朝向素养，有助于实现高层次教育教学目标。

　　– 培养学科共通能力，如交流、写作、收集与记录信息、网络技术应用，等等。

　　– 克服学习与实践割裂的状况，帮助学生体验、学会在行动和实践中获得知识与技能。

　　– 强化学生运用知识解决实际问题的能力，并从中获得自尊与自信。

　　– 强调目标导向，发展学生的自我规划与管理能力。

----

① ［美］卡普拉罗等：《基于项目的 STEM 学习：一种整合科学、技术、工程和数学的学习方式》，王雪华等译，上海科技教育出版社 2016 年版，第 67–68 页。

② 参见［美］巴克教育研究所：《项目式学习教师指南：21 世纪的中学教学法（第 2 版）》，任伟译，教育科学出版社 2008 年版。

③ 转引自［美］卡普拉罗等：《基于项目的 STEM 学习：一种整合科学、技术、工程和数学的学习方式》，王雪华等译，上海科技教育出版社 2016 年版，第 178 页。

– 鼓励学生与他人合作，发展学生的合作能力与合作精神。

– 满足不同学习风格和水平学生的学习需求，还有助于吸引学困生或厌学的学生积极参与学习。

有研究者指出，项目式学习并不适用于教授基本技能，不过项目式学习能够为学生应用这些技能提供平台。[①] 还有研究者从项目式学习的复杂程度及其所涉及学科内容的多少将其分为四类：

– 微项目化学习：在课堂中为学生提供 15~20 分钟的探索性任务，或在课外让学生完成实践性项目。

– 学科项目化学习：从核心知识的提出，到挑战性问题的解决，以及成果的评价，都指向学科关键概念和问题，体现对学科本质的理解。

– 跨学科项目化学习：以不同学科的关键概念或能力为载体，指向真实世界中的问题解决。它通常需要整合不同学科的知识和能力，共同指向真实情境中的问题探索与解决，体现对不同学科领域知识的整体理解。

– 超学科项目化学习：建立一套超越具体学科的概念体系，围绕该体系进行项目化学习，没有明确的学科界限和学科课程标准，旨在促成学生对整个主题和超越学科概念的理解。[②]

PBL 在教学中的开展主要有两个环节，一是项目活动设计，二是项目实施管理。就项目活动的设计而言，最关键的是教师要能够澄清教学目标，并且寻找合适的项目（任务）作为载体，基于项目的完成使教学目标得以实现。有研究者根据数学课程标准提出的表征数学素养的 8 个核心概念，结合具体生活场景提出数学学科项目式学习的框架，如下图所示 [③]。

---

① 参见［美］巴克教育研究所：《项目式学习教师指南：21 世纪的中学教学法（第 2 版）》，任伟译，教育科学出版社 2008 年版，第 6 页。
② 夏雪梅：《项目化学习设计：学习素养视角下的国际与本土实践》，教育科学出版社 2018 年版，第 18–19 页。
③ 同上，第 161–162 页。

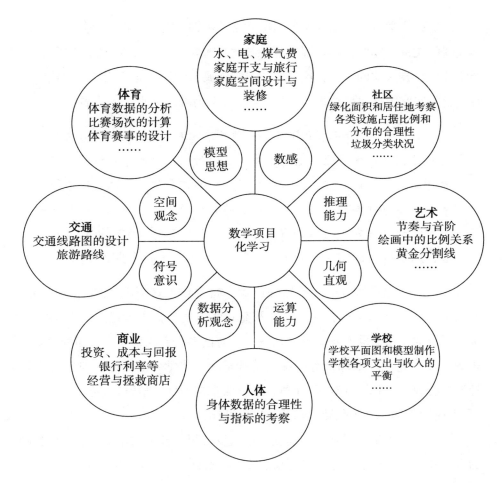

由此可见，项目设计对教师来说是一个挑战，教师必须摆脱知识本位，对教学目标尤其是高层次学科目标有明确的认识，并且清楚地把握与目标对应的学生的行为表现。同时，项目式学习强调在真实情境中让学生完成真正的任务，这要求教师能敏感地意识到生活中可作为学习项目的素材——如上述电动助力车的动能回收系统的设计，还有前面分析的油电混动汽车的节油问题——并在教学目标的指引下对这些素材进行改造，构建适合学生的项目学习平台。

上述四种教学模式，包括探究式学习、翻转课堂、STEM 教育、项目式学习，具有共同的特征——以探究为核心，以任务作驱动，学生成为学习的中心。探究式学习强调培养学生的探究精神和探究能力，这也是其他三种教学模式的关键和精髓；翻转课堂强调学生自主学习的重要性；STEM 教育强调实践性科技人才的培养；项目式学习则强调为学生搭建完成任务的实践平台。教学实践中这四种模式常常被关联、整合起来。对此有研究者指出[①]：

> 基于项目的学习（PBL）是一种教学方法，它利用学生自主探究的过程来获得与现实生活有关联且能付诸应用的学习结果。需要特别指出的是，PBL 由以探究为基础的任务组成，这些任务帮助学生学习重要的、技术的、社会的和核心的课程内容，PBL 也被定义为"探究的特殊形式"。因此，就以学生为中心的教学而言，基于项目的 STEM 学习和基于探究的学习是携手共进的。

项目式学习是探究的一种特殊形式，STEM 教育和探究学习相辅相成，而且以项目为实施平台，这显示了探究式学习、项目式学习、STEM 教育、翻转课堂的紧密关联乃至高度一体化。已有诸多研究成果表明这四种教学模式的一体化特征，如郭艳等主编的《基于项目式学习的高中 STEM 课例设计》、柯清超撰写的《超越与变革：翻转课堂与项目式学习》、龚飞兵撰写的《高等应用数学：基于翻转课堂的项目化设计》。

需要指出的是，任务驱动的教学不但没有削弱教师的作用，反而对教师的教学指导和管理能力提出了更高的要求。对此有研究者指出[②]：

> 教师对任务驱动的教学可能存在三种误解。①任务＝练习。练习的本质是熟练而不是解决问题，这失去了任务驱动的核心价值。②任务＝讨论。教师把任务布置给学生，让学生"讨论如何去做"，这种"以说代做"的做法与任务驱动教学的初衷是不符的。③任务＝不讲授。第一种情况——不能讲。有些学校规定教

---

① ［美］卡普拉罗等：《基于项目的 STEM 学习：一种整合科学、技术、工程和数学的学习方式》，王雪华等译，上海科技教育出版社 2016 年版，第 89 页。
② 段沫：《基于需求分析的任务型教学研究》，华东师范大学 2010 年博士学位论文。

师讲课必须在多少分钟以内，过时不许讲，看着着急也不许讲。这实在是极为教条而又愚蠢的做法。第二种情况——不会讲。教师不知道讲什么，这多因为教师对任务驱动的教学不熟悉，无法从学生完成任务的过程中提取有价值的信息进行指导。第三种情况——不想讲。有些教师认为任务给你了，你就做去吧，和"我"没关系了，这实际上放弃了教师在教学中对学生进行指导的责任。

相较于"排排坐""安静有序""我讲你听""纸笔操练"的传统课堂而言，这四种教学模式是颠覆性的，对教师和学生来说都是新的挑战。同时，这些教学模式都是西方的舶来品，在中国的课堂上实施需考虑文化差异及资源条件的限制。这些教学模式不能为了应用而应用，一定要明确它们对学生发展的价值，很多时候不能拘泥于形式，而要抓住这些模式的精髓并将其体现在教学中。

此外，实施这四种教学模式时，知识的作用不可忽视。我在课堂上问北京师范大学的本科生："为什么远距离电力传输要采用超高压？"很多文科生都能猜测这么做是为了"节能"，但进一步追问"为什么节能"，就没有了思路，这是因为不具备功率与电压、电流关系的基本知识。相似的，我问理科生油电混动的车是否"省电"，很高比例的学生回答"不节能"，他们的理由与前述的物理老师是一样的——因为驱动电动机的电能是汽油机带动的发电机供给的，能量是守恒的——忽视了能量转化过程中的效率问题。这既提示我们在教学中应注重培养学生"学以致用"的意识和能力，说明了探究式学习、翻转课堂、STEM 教育、项目式学习是必要的，同时，我们也必须认识到任务驱动的教学中知识是不可或缺的重要基础。

需要指出的是，上述任务驱动的教学模式不能取代传统教学，二者更不是对立的。有研究者援引诸多调查数据指出，2001 年中国开始课程改革，八年之后，其实施现状被许多人概括为"穿新鞋走老路"。该研究者批评了新课改推行者为了突出、美化"新"路而不惜将原来的"老"路，简化、片面化甚至妖魔化[①]。

新路是"三维目标"，老路一定是只传授"知识技能"而不"培养人"；新路是"自主、合作、探究"，老路一定是"死记硬背、机械学习、被动静听"；新路是"关注社会生活、学生经验"，老路一定只是学习"书本上死的知识"；新路是"多元性、发展性评价"，老路一定只是为了"甄别、选拔"；新路是"师生平等"，老路的"教师主导"就只能是对学生主体性的压制，是教师霸权。教学要满足学校教育面向大多数人（或者所有人）快速而有效地传授人类历史文化的目的。因此，它总要有这样几个特点：①知识成为学校教学关注的最主要对象；②讲授是学校教学最重要的传授方法；③教师是教学活动的主导者；④教学评价必须要有统一而确定的标准。

研究者援引一个访谈的片段——

研究者问教师："教学中有哪些具体的活动？"有的说"提问"（这个是最多的），有的说"讨论"，有的说"练习"，有的说"探究"，还有的说"游戏"，唯独没有人说"讲课"或"讲授"。研究者问："为什么没有人说'讲课'，难道你们在课堂上从来不'讲课'吗？"一位女教师看来是鼓足了勇气才说："讲啊。可是现在都在批讲授，认为讲授是落后的。"

学校教育在内容和形式上有其特殊的规定性，讲授式教学不应是课堂教学的唯一形式，但它是不可或缺乃至非常重要的；它是传统的，有些地方需要改进，但绝不应被抛弃。因此，新教学模式的引入不应与传统教学模式对立起来，相反，我们应努力将二者整合、融合于教学之中。此外，让学生像科学家、工程师、记者、教师、社工、经济师一样面对和解决真正的问题，

---

① 郭华：《新课改与"穿新鞋走老路"》，《课程·教材·教法》2010年第1期。

这是任务驱动教学的要义，也是其独特的价值。但我们必须认识到，学生在学校中的学习与未来的工作生活必然有差异，强调任务的真实性，并不是将真实社会中的情境和任务原封不动地照搬到课堂中，而是将其中与教学目标紧密相关的、能够激发学生探究的成分提取出来，进而搭建起适合学生的任务平台。

2. 课堂互动

有一道物理题在网上"火"了！其中一个讨论此题的帖子，4月6号凌晨2点发出，仅到下午5点，就有2200个回复！[①] 这个现象值得注意——学生的思维被充分调动，他们主动而热烈地讨论甚至争论，知识和经验被有效激活——这不正是最值得期待的教学境况吗？而现实中有多少物理课有如此好的教学效果？这个案例中，最值得注意的是人与人之间的互动，而这也是好的课堂教学必须关注的重要因素。我们来看这道物理题及人们基于此题的互动。

如图所示：装有水的烧杯和砝码分别放在平衡的天平两端，如果手指伸入烧杯并静止，手指没有触碰烧杯壁及底部，水也没有溢出，此时天平的状态：

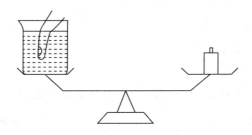

① 仍然保持平衡

② 砝码端下沉

---

① https://www.toutiao.com/w/i1696224104309775/

③ 烧杯端下沉

④ 无法判断

正确答案是③，因为手指置于水中时，水对手指有一个向上的浮力，相应的，烧杯及水会受到一个向下的反作用力，烧杯端因此会下沉。

这是一道好题，它有三个特点：

– 与生活贴近，形象具体，每个人无论物理基础怎么样，都可以试一试。

– 容易诱导出学生的"前科学概念"，一个看似简单的题目却容易做错，这会充分调动个体的好奇心，引发其深入探究的愿望。

– 蕴含关键物理知识（浮力、力的平衡、作用力与反作用力）及物理思考方法，不只是让学生好奇一下而已。

这道题引发的互动和讨论同样值得重视，下面是此题下的一小部分回帖。

回帖1：机械式思维！手指是连着人身体的手指，重力落在人身上，人在天平外，所以当手指放进保持静止后，杯中的重量并没有变化，天平应该平衡。大概率会向砝码端倾斜（手指吸水，重量转到人身上）。（48回复）

回帖2：烧杯端下降。多出的质量就是手指头排开水的体积大小的质量。（242回复）

回帖3：把水换成空气，你把手伸进杯里，杯子会变重吗？（255回复）

回帖4：其实说到底，就是浮力的问题。水对手指有个浮力，手指是固定的，所以浮力转变为人手指对烧杯底部的压力，烧杯端变重。（78回复）

回帖5：我是教物理的，特意看了看评论，竟然没有一个能准确说明原理的，初二压强白学了。这道题跟浮力一点关系都没有。（225回复）

回帖 6：如果把水换成高浓度的粘稠液体，实验会更形象，左边的重量会更大，因为液体有向上的压强给手指，力会相互作用，手指也会给水相同的压力，只是力太小手指感觉不到而已。如果人身体下有一个称，人的质量会少 0.1，如果换成固体，那左边增加的重量就是手指的下压重量，如果换成气体，那么在下压的瞬间有质量增加（无限小），但保持静止时就没有了。（26 条回复）

回帖 7：手指伸进水杯后，液面升高，对水杯底部压强增大，水杯底面积不变，对水杯底部压力也增大。（80 回复）

回帖 8：初中物理，左边增加了手指（没入水中部分）相同体积水的重量。这种方法在很多地方用来判别（实心）黄金饰品是否为纯金。（15 回复）

回帖 9：简单的牛顿力学定律，作用力与反作用力。手指放在水里，水对手指产生浮力，浮力的反作用力就会让水杯里的水受到与浮力大小相等、方向相反的力（向下）。其他的条件都没变化，因此水杯侧会下降。初中物理最先学习的三大定律吃透就行。（60 回复）

这些回帖非常值得琢磨，有些甚至让人吃惊！这些互动如果发生在课堂中，对教学来说是多么有价值！回帖 1、3、5 是错误的，其中回帖 1 错得多么自以为是；而所谓物理老师的回帖（回帖 5），又错得多么理直气壮。回帖 2 是正确的，但稍微绕了个弯；回帖 4 不够简洁、直接；回帖 6 的回答不是很准确，但独特、形象、有想象力；回帖 7 不是一个常见的视角；回帖 8 给出了一个与物理问题相关的生活应用，扩展了我们对知识的认识；回帖 9 最为标准，而且上升到对物理定律的认识。

这些回帖、回复无论正确还是错误，都展现了多种思考方式，以及个体实际的认知状况和具体的思维过程。本书第七章分析如何提出好问题，建议"将问题指向学生的认知冲突"，教师当然需要基于这样的互动了解学生的思维状况及认知冲突，从而更好地提出问题以促进学生的学习。

此案例鲜明地显示，在教学中加强师生、生生互动多么重要。这些是网络中的互动，但它完全应当也可以出现在课堂教学中，基于当前的网络与软件资源，这样的互动也是非常容易实现的。缺乏优质互动的课堂上教师单向讲授、学生被动听讲，教师很难知道学生听懂了没有，学生在想什么；而传统的教师提问、学生回答环节中，无论学生回答正确与否，教师也很难知道他们用了怎样的方法，是怎么思考的。教师如果能够组织有效的师生、生生互动，就很有可能获得如上述回帖、回复一样珍贵的教学素材，从中不仅能了解学生答案的对错，更重要的，还能够了解学生的思维过程，这无疑有助于教师更全面、更细致地把握学生的学习状态，为提高教学的效率和针对性奠定坚实的基础。

通过多维、多向的互动，学生的思维被充分调动，积极主动的讨论显示出学生对知识进行了深入的认知加工。更重要的，这样的互动生成了大量优质的教学素材，就像上述案例中的问题，下面不但有大量回帖，而且每个回帖下面又有大量的回复（如回帖 3 下面就有 255 个回复）。正是因为回帖者、回复者从不同角度不断提供多样化的想法，而其中的某些想法又会成为进一步讨论的素材，这必然推动学生对某个内容的认识不断深化。可以想见，只凭教师的经验和想象，无论如何都无法获得这样丰富、优质的教学素材，这更凸显了师生、生生互动的意义和价值。同时，这也要求教师对生成性内容足够敏感，能够及时抓住有价值的生成性内容并有效地整合在教学中。

此外，教师要优化与学生互动的方法和技巧，包括倾听、总结、澄清、追问、点拨、引导学生讨论，等等，并在教学实践中不断摸索，发现应用这些方法的最佳模式。

学生不是等待教师把知识倒进来的空空的容器，他们有自己感兴趣的内容、对事物的看法、要面对的困惑与挑战……教师如果不能对此给予及时的关注和重视，就无法为学生提供有效的支持与引导。本书前言中《马说》的教学案例，最大的问题就是教师单向灌输，学生的需求和状态没有被关注，他们完全陷入了被动的学习之中。如果教师有意识地与学生互动——倾听学生的想法，鼓励学生说出自己的想法或提出问题，对学生的想法和问题予以评价和解释，赞赏学生有见地的观点，总结互动过程中的生成性问题——就会使学生在兴趣、知识、思考、情感等各方面"活起来""动起来"，师生成为学习共同体，共同参与、相互作用，创造性地实现教学目标。同时，师生、生生互动还充分体现了教师对学生的尊重，教师愿意倾听学生的想法，每个学生都有机会让别人听到自己的声音，这样的课堂氛围更平等、更融洽。

2001年6月教育部发布的《基础教育课程改革纲要》指出："教师在教学过程中应与学生积极互动、共同发展。"师生互动不仅对学生和教学来说是重要的，对教师来说同样是重要的。互动中的"互"是相互、交互的意思，师生互动意味着师生相互激发、相互触动。教师不是教材的传声筒，也不是知识的搬运工，教师在教学时也需要被倾听，也需要得到学生的反馈与共鸣。只有通过师生、生生互动，教师才能了解、体验到自己的教学产生了怎样的效应，这是在教学的当下——而不是通过几周之后的考试分数——就能知悉、感受的，无疑会带给教师最真切、最生动的自信与成就感。在这个意义上，基于师生互动教师遇到了"知音"，教师和学生都获得了成长，即所谓的"教学相长"。教师和学生在互动的过程中相互配合、彼此照顾、共同进退，他们唱出优美的和声，两个独立的声音因相伴与耦合而悦耳动听。

第十章 趣——兴趣与情趣

　　教育教学对学生有一个巨大的、值得追求的意义——让学生爱上学习，成为一个终身学习者，这要求学生的学习生活是愉悦的、值得期待的。德国教育家第斯多惠说："教学的艺术不在于传授的本领，而在于激励、唤醒、鼓舞。没有兴奋的情绪怎么能激动，没有主动性怎么能唤醒沉睡的人，没有生气勃勃的精神，怎么能鼓舞人呢？"[①]充满激励、唤醒、鼓舞的课堂焕发蓬勃的生气，更有可能让学生感到愉悦和兴奋。

　　教师可从两个方面入手创设焕发蓬勃生气的、让学生爱上学习的课堂：激发兴趣、生发情趣。

1. 激发兴趣

　　学习兴趣是学习最重要的驱动力，教育教学中的思想观点比比皆是，但能被持续研究并成为一种系统的思想理论的屈指可数，兴趣学说则为其中之一。[②]总的看来，教育教学中的兴趣有三个重要特质：

　　– 学习动力。兴趣是最优质，也是最有效的驱动学生学习的动力，会让学生的学习更积极、更主动、更高效。

　　– 学习导向。兴趣具有导引作用，能让学生聚焦、专注于某个领域的

---

① 张焕庭：《西方资产阶级教育论著选》，人民教育出版社 1979 年版，第 367 页。
② 参见郭戈：《〈外国兴趣教育名著译丛〉代序》，载［美］查尔斯·德加莫《兴趣与教育：兴趣学说及其具体运用》，诸惠芳译，人民教育出版社 2016 年版。该序详细说明了兴趣对教育教学的基础性、关键性影响，以及有关兴趣研究的发展历程、主要研究者及其论说。

学习，这为高品质学习奠定了基础。

－ 教育目标。兴趣不仅是驱动学习的动力，其本身也是关键的教育教学目标，对促进学生成为一个终身学习者很重要。

孔子说："知之者不如好之者，好之者不如乐之者。""好之""乐之"生动表明了学习兴趣的内涵与特征。宋代二程说："教人未见意趣，必不乐学。"更点明了兴趣在教育中的重要价值。明代思想家王守仁对"乐学"解释得更加生动："乐学常使精神力量有余，则无厌苦之患，而有自得之美。大抵童子之情，乐嬉游而惮拘检，如草木之始萌芽，舒畅之则条达，摧挠之则衰萎。今教童子，必使其趋向鼓舞，中心喜悦，则其进自不能已。譬之时雨春风，沾被卉木，莫不萌动发越，自然日长月化；若冰霜剥落，则生意萧索，日就枯槁矣。"

被誉为"现代教育评价和课程理论之父"的泰勒提出一个重要的理念："在教育上，兴趣既与目的有关，又与手段有关；也就是说，兴趣既是目标，又是与旨在达到目标的经验相关的动机力量。……人们之所以常常强调兴趣是重要的教育目标，是因为一个人对什么感兴趣，在很大程度上决定了他会去注意些什么，而且还常常决定了他会去做些什么。"[1]

总之，调动、激发学生的学习兴趣既是优化教学的手段，其自身也是重要的学生发展目标。教学中如何激发学生的兴趣？可考虑从内、外两个方面入手：内，激发学生探究的愿望；外，让课堂成为快乐的场域。

● **激发学生探究的愿望**

语文教育家吕叔湘说："有一个口号，叫做'先生苦教，学生苦学'。都是苦，那怎么行？我们做事要感到有乐趣，如果不是精神愉快而是愁眉苦脸地在那儿教，愁眉苦脸地在那儿学，效果决不会好，情绪不对嘛。"[2]教师教得苦、学生学得苦，一个重要的原因是学生对学习的内容不感兴趣，处于被

---

① ［美］泰勒：《课程与教学的基本原理》，施良方译，人民教育出版社 1994 年版，第 62 页。
② 吕叔湘：《吕叔湘论语文教育》，河南教育出版社 1995 年版，第 54 页。

动学习的状态。要改变这种状态，引导学生以探究的姿态面对学习至关重要。我们在上一节分析了探究式学习，这种教学模式不仅对教学效果有重要影响，而且探究的精神、态度与学习兴趣也关系密切——它既是学习兴趣的源泉，也是学习兴趣的表现。我们来看一位化学教师如何引导学生进行探究[①]。

> 苏教版《化学反应原理》中"化学能转化为电能——原电池"这一部分，教材的实验是用锌与硫酸铜溶液制得原电池，使电流计指针发生偏转，可是这个实验太抽象，我转为取生活中的电池为例以调动学生学习积极性。我取一枚西红柿、两根导线、一根铜丝、一根铁丝组成原电池，将课本实验的电流计换成音乐贺卡。当接通电路，贺卡里的美妙音乐在教室里响起时，学生们激烈地议论起来，这是怎么回事儿呢？同学们猜测西红柿、两根导线、一根铜丝、一根铁丝组成了一个小电池，可是它们是如何发挥电池的作用的呢？学生很想知道个究竟，我又将西红柿改为了白醋、硫酸，接通电路，音乐再次响起，这引起了学生再度的热烈讨论，也产生了深入学习原电池原理的渴望。

在这个案例中，教师让学生用西红柿和白醋发电，为什么要增加这个环节？打个比方，教材原先的实验类似一个成人餐厅，食物没问题，但不吸引学生。而这位教师将学生带到一个专为孩子量身打造的儿童餐厅，教师通过学生熟悉的事物和奇妙的现象，充分激发了学生的学习热情和学习期待。西红柿、白醋"发电"的原理和锌与硫酸铜溶液制得原电池的原理是一样的，但寻常的西红柿做出不寻常的事情，这便吸引了学生，也为学生深入理解原电池的化学原理奠定了基础。

再看一个小学数学教学的例子。如果只是将圆面积计算公式教给学生，

---

① 何翼飞：《高中化学教学中渗透 STSE 思想的教学设计研究》，南京师范大学 2011 年硕士学位论文。

再让他们用公式计算各种圆形物体的面积，这样的学习对学生来说相当被动，学生很难对这样的学习有兴趣。我们可以让学生主动探究圆面积的计算公式（如下图所示）。

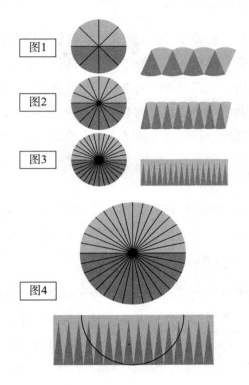

图 1 显示：一个圆切分后将小扇形对插起来，圆的面积转化为近似平行四边形的面积。图 2 和图 3 显示：一个圆被切分得越多，扇形插在一起时就会越接近于一个长方形。图 4 显示：这个长方形的底就是圆周长的一半，高是半径，则其面积是 πr^2。这里看到的是图片，在 PowerPoint 中将这个过程做成动画将非常形象生动。

在这个案例中，有趣的、吸引学生的教学活动的背后，是高级的数学学习目标，包括数形结合、极限、化归、推理等思想方法。

本书前面几章的内容，如"引"中激发学生的学习期待和学习热情、"问"中将问题置于故事之中、"比"中的生动有趣、"动"中的任务驱动，都有助于激发学生探究的愿望。教师可在这些方面有针对性地进行优化，从而帮助学生进入主动探究的学习状态，并在此基础上生发浓厚的学习兴趣。

● **让课堂成为快乐的场域**

教与学发生于特定的场域，教室即是一个典型的场域。学生能否对学习产生兴趣，与其所处的场域是怎样的、他是否喜欢这个场域有直接关系。如果顾客对饭店的环境、氛围有消极感受而不愿意进去，自然不可能品尝其提供的食物，无论这些食物多么优质可口，对这些顾客来说都是没有意义的。同样，如果学生不喜欢他们学习的场域，无论教学内容多么重要，学生都有可能拒而远之。因此，调动学生的学习兴趣，首先要创设一个吸引学生、学生喜欢的学习场域。

英国哲学家、社会学家斯宾塞写了一本"在过去一百年里，对欧美国家的父母和老师影响最大、读者最多"的书——《斯宾塞的快乐教育》，其中有对一个孩子学习风琴的描述①。

> 当小斯宾塞 5 岁的时候，镇上开始流传起这样一句话："几乎所有家庭都在抱怨教育孩子的苦恼，只有斯宾塞家除外。"也有人说："我们都是在哭声和骂声中种土豆，只有斯宾塞家在快乐地种金子。"事实并非完全像人们所说的那样，但总的来说，我在教育孩子这件事上，的确得到的快乐比苦恼多得多。我一直认为快乐的方法和气氛比其他方法更有效。这一点在小斯宾塞（斯宾塞的侄子，作者注）学风琴这件事上，我有很深的体会。夏天的时候，我把积攒下来的钱交给德赛娜，让她去买一架脚踏风琴，希望开始对小斯宾塞进行音乐教育。当风琴搬回来的时候，我告诉小斯宾塞，这是一架具有魔力的风琴，只要你不断用脚踩踏板，同时用手按上面的黑白琴键，它就会唱歌，如果你懂得了由七个数字组成的魔法，它就会唱出美妙的歌来。果然，风琴安好后，小斯

---

① ［英］赫伯特·斯宾塞：《斯宾塞的快乐教育》，颜真译，海峡文艺出版社 2010 年版，第 17–18 页。

宾塞就急不可待地坐上去，乱按一气，各种不成音律的声音时高时低地发出来，这一个下午，成了小斯宾塞兴奋得发抖的美好时光。

好景不长，没过多久，德赛娜与小斯宾塞关于风琴的斗争开始了。德赛娜焦急的尖叫和指责声夹杂在不协调的琴声中。这样过了一个月，德赛娜受不了了，她向我抱怨："小斯宾塞可能在音乐上一点天赋也没有，一支简单的曲子，他学了一百遍也不会……"我也觉得必须阻止这种教育了。我对德赛娜说："不要因为不恰当的方法扼杀了孩子的天赋。如果弹风琴变成了一件紧张而痛苦的事情，那么音乐是学不好的。""斯宾塞先生，你自己来试一下吧。"德赛娜不快地说。夜晚来临，我们坐在餐桌前，我对小斯宾塞说："亲爱的，我特别喜欢你弹的那首小曲子，叫什么来着？"小斯宾塞抢着说："林中仙子。""对，就是这支，能弹给我听听吗？"小斯宾塞摇摇头。我说："唉，真遗憾。要是我自己会弹就好了，哪怕一小段！"小斯宾塞赶紧说，那我就试试吧。他坐上去，轻轻地弹起来。出人意料的是——他弹得很流畅，轻重也恰到好处。美妙的旋律在晚风中飘荡，德赛娜吃惊地看着我。

……

我认为：教育应当是快乐的，当一个孩子处于不快乐的情绪中时，他的智力和潜能就会大大降低。呵斥和指责不能带来好的结果。我认为教育的目的是让孩子成为一个快乐的人，教育的手段和方法也应该是快乐的。就像一根细小的芦管，你从这头输进去的如果是苦涩的汁水，在另一端流出的也绝不是甘甜的蜜汁。孩子在快乐的时候，他学习任何东西都比较容易，相反在情绪低落、精神紧张的状态下，他的信心会减弱，这时即使是一个伟大的教育家面对他们，也不会有任何办法。唯一的方法是把他们的情绪调节到快乐、自信、专注，然后开始学习。

斯宾塞的教育思想——教育始于快乐——实在太重要了。快乐是人们内心的愉悦、安详、平和、满足、稍带兴奋的心理状态。《吕氏春秋》中有一段话:"心弗乐,五音在前弗听,五色在前弗视,芬香在前弗嗅,五味在前弗食。欲之者,耳目鼻口也,心必乐,然后耳目鼻口有以欲之。人之情,不能乐其所不安,不能得于其所不乐。人之情,不能亲其所怨,不能誉其所恶,学业之败也,道术之废也。"这段话深刻地说明了为什么"学习始于快乐":如果学生的心情不快乐,他的感官就"封闭起来了"——五音在前弗听,五色在前弗视,芬香在前弗嗅,五味在前弗食——此时怎能学习呢?而学生一旦有了快乐的情绪,各种感官就会被"积极动员起来",学习效率将大大提高。因此,教师要"视徒如己",要设想:"如果是我,这么学习会快乐吗?"

要使课堂成为能让学生感受到快乐的场域,教师应对课堂中的硬、软件等诸多因素进行系统优化。我们来看《斯宾塞的快乐教育》中描述的"词汇的风铃"①。

> 到我家里来做客的人,都会看到一些奇怪的东西,其中就有风铃。这不是一般的风铃,而是由一些写满字母、词汇的小木片和几根小钢管构成的风铃。在小斯宾塞的房间里,在屋后的小花园里,甚至在餐桌的上方都挂有这样的风铃。
>
> 这实际上是我用来教小斯宾塞学法语的。开始这些小木片上的单词都与悬挂的地方有关,比如床、窗户、起床、晚安、早安等,后来又换成了新的。比如一个风铃上挂的单词可以组成一首儿歌,或者一句谚语。过一段时间就更换一次。当小斯宾塞摆弄那些词汇片时,就会发出叮叮咚咚的声音。
>
> 小斯宾塞几乎是在玩耍的过程中学习了法语、拉丁语。我一般只给他讲三遍,他记不住时,问我一下,我又告诉他。我认为,语言不需要太刻板地去学习(学校把它弄得过分严肃了),只需要

---

① ［英］赫伯特·斯宾塞:《斯宾塞的快乐教育》,颜真译,海峡文艺出版社 2010 年版,第 27–28 页。

魅力课堂:高效与有趣的教学(第 2 版)

熟悉和使用。后来当他每学习一门新的知识时，"词汇风铃"便悄悄演变成"化学风铃""物理风铃"。

小孩子的兴趣总是转移得很快，有时非常像一只蜜蜂，人们希望它在一朵花上停留得久些、再久些，但它却总是一会儿停在这里，一会儿又停在那里，在空中闲逛的嗡嗡声让人心烦。但这是孩子的天性，孩子越小，他的注意力停留在一件事上的时间就越短。不过，不要心急，总会有办法的。看，小斯宾塞不是又飞回来了吗。渐渐地，阅读和回忆这些风铃上的小木片，成了他的一种习惯。我后来知道，这种风铃在许多家庭被用起来，连爱丁堡大学校长的家里也有。

教师要像斯宾塞一样，将课堂布置成一个对学生富有吸引力的、能让学生感受到快乐的场域。这既包括硬件方面的安排，如摆放学生喜闻乐见的物品，使用能调动学生兴趣的教具；也包括软件方面的优化，如富有悬念的教学引导，活泼有趣的教学流程，安全轻松的课堂氛围，友爱团结的师生及生生关系，等等。

2. 生发情趣

学生一生中最美好的时光在学校中度过，他们的生命需要在此得到最优美的舒展。教师不是教学的机器，学生也不是知识的容器，教育教学绝对不只是把知识教给学生，而是培养、塑造一个个丰满强健的生命。因此，教师要"目中有人"——在教学中关注一个个活生生的人，关注他们的生命姿态，也关注师生、生生之间情绪情感的映照与互动。这意味着教学要富有情趣，以生命视角观照教学内容和教学形式。十年前我看到下面这个案例，感觉十分美好，遂念念不忘[①]。

———————————

[①] ［加］马克斯·范梅南：《教学机智：教育智慧的意蕴（第2版）》，李树英译，教育科学出版社2014年版，第107–108页。

马克在练习小提琴。但是，他很疲倦，提不起精神，多数是做枯燥的动作而已。琴声听起来也很疲倦。从远方来马克家探望的祖母朝房间看了一下。她看到了马克和他肩上的松垂的小提琴。马克的脸上显出沮丧的神情。祖母小心谨慎地走进房间，在角落找了张椅子坐了下来。她静静地继续她的针线活儿。但是，马克注意到了祖母的出现，因为他的姿势挺拔起来，弓拉着弦有了新的活力。他弹奏曲子的方式突然有了活力。马克不再是仅仅练琴而已了，他是在为祖母演奏，在曲中有一种感情。祖母显然十分愉悦地聆听着。

奶奶看似不经意的一个举动，使得这个生命的瞬间变得如此不凡！一种情趣在这个瞬间生成了，琴声不再只是练习和技巧的产物，它承载了这样的情趣，同时滋养着马克和奶奶的生命。让教学富有情趣，这应当成为教师在教学时有意识的一种追求。我们来看下面这个例子[①]。

在学习"等比数列求和公式"前，我先问学生："我愿意在一个月内每天给你 1 万元钱，但在这个月内，你必须第一天给我 1 分钱，第二天给我 2 分钱，第三天 4 分……后一天给我的钱是前一天的 2 倍，有谁愿意？"此问题引起学生极大兴趣，很多学生兴奋地表示："我愿意，老师您亏大了！"他们写出给我的钱为 1+2+4+8+16+……，意识到计算太麻烦，要求我讲授计算这种数列的公式。于是在我的引导下，学生推导出公式 $S_n = \dfrac{a_1(1-q^n)}{1-q}$（$q \neq 1$），从而计算出应给我的钱为 10737418.23 元，这远大于老师给学生的 30 万元！此时几乎所有学生都感到震惊，课堂教学的气氛也随之达到高潮。

《义务教育数学课程标准（2022 年版）》中"基本活动经验"是数学素养

---

① 周以宏：《课堂教学举例"五字诀"》，《中学数学月刊》2001 年第 10 期。

"四基"之一，在这个例子中学生感到"震惊"就是活动经验。值得指出的是，这样的经验不只指向一个知识点，它蕴含着一种情趣，一种活泼泼的生命情趣。这道数学题有着悠久的渊源：相传古印度人西塔因为发明了国际象棋而使国王很开心，国王决定奖赏他。西塔说："我不要您的奖赏，陛下。"国王问："那你想要什么呢？"西塔想了想说："请您在我发明的棋盘上放些麦粒吧。我只要您在第一格放 1 粒，在第二格放 2 粒，在第三格放 4 粒，以后每格的麦粒是它前一格的两倍，放满六十四个格子就行了。"国王听后不禁笑言："行！不就是些麦粒吗？来人！为智者西塔颁奖！"计数麦粒的工作开始了，第一格内放 1 粒，第二格内放 2 粒，第三格内放 4 粒，还没有到第二十格，一袋麦子已经空了。一袋又一袋的麦子被扛过来，国王很快就看出即便拿出全国的粮食，也兑现不了他对西塔的承诺！

这既是一道数学题，也是一个寓言故事，其中有人的情感、欲望、智慧，有关于人生的道理。显然，世界上有某种规则在制约着人们的情感和欲望，而数学以简洁、本质、优美的形式，将这种规则刻画出来。这样的学习使学生看到了数学洞悉事物本质的力量，上述学生的"震惊"中有对力量感、生命感的情绪反应，这样的"震惊"因此而富有情趣。作为一个数学教师，他没有直接、单向地向学生传授数学知识，而是做出这样的教学设计，就是因为他能够体察、观照数学知识中有关情感和生命的元素，这样的教学因此而富有情趣，学生的收获远远超过习得一个数学知识。

教学不应是完成一个个 45 分钟的任务，教师要关注学生的生命体验、人生体味。1930 年，在《星星之火，可以燎原》中，毛泽东极富洞察力地分析了国内政治形势和敌我力量对比，批判了夸大革命主观力量的盲动主义和看不到革命力量发展的悲观思想，提出了农村包围城市、武装夺取政权的思想。在文章的最后，毛泽东以诗一般的语言充满激情地写道：

> 我所说的中国革命高潮快要到来，决不是如有些人所谓"有到来之可能"那样完全没有行动意义的、可望而不可即的一种空的东西。它是站在海岸遥望海中已经看得见桅杆尖头了的一只航

船，它是立于高山之巅远看东方已见光芒四射喷薄欲出的一轮朝日，它是躁动于母腹中的快要成熟了的一个婴儿。

这就是一个伟大的思想家、政治家的革命情怀和人生情趣！他凭借这样的情怀和情趣穿行于无比凶险的革命斗争的风暴中，展现了奔放昂扬的生命姿态。因此，在文科教学中，教师更要关注教学中的生命意味，以富有情趣的姿态和学生共同体味生命的觉醒和舒展。

央视大型文化节目《典籍里的中国》于 2021 年 2 月 12 日开播，其中一期以情景剧的方式向观众呈现了《论语》。我们来看其中一个让人十分感动的片段[①]。

> 端木赐带着撒贝宁（央视主持人，作者注）来到孔子讲课的杏坛前。
>
> 撒贝宁：晚辈撒贝宁，是来自两千多年之后的一个读书人，特来拜见夫子和诸位先生。
>
> 孔子：两千多年以后？
>
> 撒贝宁：是的。
>
> 孔子：你怎么知道我？
>
> 撒贝宁：因为我在读《论语》。
>
> 孔子：《论语》？
>
> 撒贝宁：夫子和诸位先生的言行以及思想，在后世集合成为一部典籍，称为《论语》。《论语》的思想是中华民族精神和智慧的源泉，影响了后世两千多年，我们从小就读。
>
> 孔子：啊！那你从《论语》里读出了什么？
>
> 撒贝宁：读到了人生追求——以仁为己任，修己安人、安百姓，提高自己的修养，让更多的人得到安乐。

---

① 视频见 https://tv.cctv.com/2021/06/14/VIDECN96yoyw42mGr0jWw4Mn210614.shtml?spm=C55953877151.PXXwefeHcOAR.0.0。

孔子：好，你读得好！还有呢？

撒贝宁：我们还读到了忠恕之道——己所不欲勿施于人，己欲立而立人，己欲达而达人，做到推己及人。

孔子：后生，还有吗？

撒贝宁：我们读《论语》，还读到了如何为人——为人应当孝，悌，忠，信，温，良，恭，俭，让。

孔子：好，你读得太好了！

端木赐：夫子，您追求的大道传下去了。

众人：是啊！

孔子：君子忧道不忧贫，现在啊，我没有什么可以忧虑的了。

端木赐：撒君可否让夫子和诸位同门一起看看这《论语》在后世的流传呢？

撒贝宁：这正是我此行的目的。夫子及诸位的思想学说在后世被称为"儒学"，影响深远。

孟子：民为贵，社稷次之，君为轻。

孔子：民贵君轻，说得好啊！此为何人？

撒贝宁：此人名叫孟轲，后世尊他为孟子。他传承儒学，并将其发扬光大。

孟子：生，亦我所欲也，义，亦我所欲也；二者不可得兼，舍生而取义者也。

孔子：我说过，杀身以成仁，他说，舍生而取义，好啊！

郑玄：《论语注》要在世上长久流传，解释其义，应与时偕行，不强做结论，留给后世解读评说。

孔子：此人是谁，何为《论语注》？

撒贝宁：此人名叫郑玄，是在您六百多年之后的汉朝儒生，他为《论语》的内容作了注解，方便世人的学习。

孔子：与时偕行，做学问应该是这样。

朱熹：国以民为本，社稷亦为民而立。

孔子：国家以黎民为根本，也是为黎民而设立，说得好啊！他是谁？

撒贝宁：这是在您一千六百多年之后的儒学重要传承人，生于南宋，叫朱熹，他用了将近四十年时间为儒家经典作注，其中就有《论语集注》。

朱熹：天不生仲尼，万古如长夜！

撒贝宁：朱熹对夫子极为仰慕。

孔子：过誉，过誉。

撒贝宁：在后世，读《论语》的人，还不仅仅是华夏子孙，您看这位……

伏尔泰：我在东方著作中，找到一位智者，他在两千多年前，便教导人们如何幸福地生活。

孔子：他是谁？什么人？

撒贝宁：此人名叫伏尔泰，是在您两千多年之后，法国的一个著名的启蒙思想家。《论语》的思想，启发了伏尔泰。

伏尔泰：《论语》中的"己所不欲，勿施于人"，应该成为所有人的座右铭。

撒贝宁："己所不欲，勿施于人"，这个思想还曾在18世纪被写进法国的《人权宣言》。但是《论语》在世界范围内的传播，远不止于此。《论语》的思想传到了朝鲜、韩国、日本、越南、俄罗斯、美国、英国、德国等很多国家。到目前为止，《论语》在全世界有四十多种语言的译本，在2019年，法国把1688年出版的首部《论语导读》的法文版原著作为国礼送给了中国。您和您的学生，当年周游列国，现在《论语》带着中国古代的思想和智慧周游世界了！

端木赐：确实没有想到啊，《论语》影响了那么多人。

撒贝宁：正如夫子所言，"德不孤，必有邻"。

孔子：德不孤，必有邻！感谢撒君，让我知道这些。

撒贝宁：这是我们后世读书人的荣幸。

这个有关《论语》的情景剧不是教学，但绝对值得被借鉴到我们的教学中。这一辑讲的是"把握教学形式"，以情景剧的形式展现《论语》实为非常高级、优美的一种形式——多么令人感动，多么富有情趣！这样的形式完全应当也可以出现在我们的课堂上。可以想象，如果我们用机械、呆板的方式向学生单向灌输有关《论语》的知识，学生很有可能无动于衷、昏昏欲睡，因为这样的授课不能拨动学生的心弦，没有与学生的生命产生关联。在这个情景剧中，一个我们身边的年轻人与2500年前的孔子对话，孔子并不知道记载他及其门生的语录对后世产生了多么巨大的影响，而这一切是由生活在这个时代的年轻人告诉他的。我们与先人对话是一种自然的、不可抑制的情意和愿望，有关《论语》的情景剧正是契合了这一点，引发了我们内心最深沉的感动。在情景剧中，撒贝宁不是以个人的身份和孔子对话，他说出的是很多观众想要说的话，这使得观众有很强的代入感，从而能够跟随剧情在情意的自然起伏中体验生命的况味与情趣。

教学形式当然是多种多样的，本书也对多种教学方法、教学过程、教学模式进行了分析。这个例子的呈现和分析不是让教师将这种形式照搬到课堂中，而是借鉴其核心思路——基于生命视角观照学生和教学内容，从而能够使我们的教学富有情趣。更重要的，这个案例提示我们，课堂教学需要基于巧妙构思创造高效的、富有想象力的教学形式，从而更好地实现教学目标，让学生获得更充分、更丰富、更优质的人生成长。

后　记

这是我的第十三本书。

感谢华东师范大学出版社的编辑任红瑚女士，感谢她基于专业眼光的建议与认真细致的校对，为本书提供了坚实的质量保障。

感谢华东师范大学大学出版社北京分社李永梅社长及各位负责发行的老师，感谢出版社提供宝贵的资源与平台。

感谢我的学生李梦茹、林庆玉对书稿进行了文字校对。

这十多年我几乎每天都在读书、写作，不评职称、不做项目、不申请课题，可谓非常独特的工作与生活形态。感谢北京师范大学教育学部教师教育研究所的领导——朱旭东部长、宋萑所长、李琼主任的宽容与支持。感谢所有的同仁，能够与他们在一个友爱、团结、富有想象力、高度专业性的学术场域一起工作无比幸运。

感谢我的家人，让我的生活快乐又安宁。感谢你的陪伴和同行，感谢我们共度的岁月。

赵希斌

2022 年 4 月